HEBREW Level 1

עִבְרִית שָׁלָב א׳

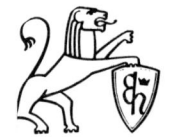

EHRMAN HOUSE

Bella Bergman, Editor

Dr. Sheldon Dorph
Rabbi Joel Gordon
Series Editors

Dr. Arnold J. Band
Series Consultant

עִבְרִית

HEBREW

A language course

LEVEL 1

שָׁלָב א

BEHRMAN HOUSE, INC.

Designer   *Ariel Wardi*

Project Coordinator   *Priscilla Fishman*

Illustrations copyright © 1981 by   *Nurit Karlin*

Picture Credits   *Institute of Archaelogy, The Hebrew University 14, 16, 50, 57, 59, 79, 81, 101, 149, 174, 184, 195, 197, 198, 199, 208; Israel Department of Antiquities and Museums 61, 65, 84, 128, 132, 145, 202, 215, 230, 242; Israel Government Press Office 46, 47, 56, 71, 109, 135, 200, 201; Israel Museum 17, 21, 28, 87, 121, 182, 192; Israel Tourist Office 62, 151, 207; Keren Hayesod 186; Shrine of the Book 74; David Harris 95, 242.*
The chart on p. 28 was provided courtesy of Ruth Hestrin, Curator, Israelite and Persian Periods, the Israel Museum, Jerusalem; drawn by Ada Yardeni.

SPECIAL ACKNOWLEDGMENTS

I wish to express my affection and admiration for

Dr. Arnold J. Band
Mrs. Ora Band
Mrs. Bella Bergman
Mrs. Rosalie Gershenzon
Rabbi Joel Gordon
Mrs. Lois Rothblum.

Without their dedication, hard work and love of the Hebrew language, this text would not be a reality — *Dr. Sheldon Dorph*

My personal thanks to Ora Band for her valuable assistance in preparing this text for publication — *Bella Bergman*

Cover photo by Bill Aron.

DEDICATION

This book is respectfully dedicated
to the memory of

SAMUEL AND ESTHER GORDON

who cherished the Proverb of Solomon:
"To know wisdom and instruction;
to comprehend the words of understanding;
to receive the discipline of wisdom,
justice and right and equity."

Foreword

עִבְרִית, שָׁלָב א' is the first of three textbooks in a Hebrew language course designed specifically for English-speaking students who have few hours per week to devote to the study of the Hebrew language. It is the joint product of a team of experienced teachers working in both classroom settings and in seminars where teaching experiences were compared and meticulously analyzed under the direction of a language-instruction consultant. The goal of this program is the achievement of a variety of language skills: reading comprehension, conversational facility, and writing ability.

This language course has been developed after a realistic assessment of the framework in which we teach. We assume that the student attends a limited number of hours of language instruction each week. We realize that the student thinks in English rather than in Hebrew. To maximize the effectiveness of instruction in the few hours available, we stress both a structured, cognitive approach to language acquisition, as well as contrastive analysis between the student's native language, English, and the second language, Hebrew. While it is desirable to include conversation in the classroom, that is not our primary language goal. We seek, rather, to lay the foundations for acquisition of a multi-skilled familiarity with the Hebrew language. If any one aspect is given preference, it is literacy, obviously the skill to be cultivated in our environment.

The intake of grammatical and lexical items in this course has been carefully graded and limited, in keeping with the hours available. We assume that the student beginning עִבְרִית, שָׁלָב א' has already learned how to read the Hebrew characters and is familiar with a vocabulary of some 150 words which are essentially culture-bound and frequently used. From this modest base we advance methodically until, at the end of שָׁלָב ג', the student has acquired a Hebrew vocabulary of about 900 words, and has mastered the most important functional items of Hebrew grammar. At that point, the student is equipped to progress in any of several directions: toward study of the Bible, reading simple literature, or more advanced conversation.

Each unit in this textbook is structured with this goal in mind. It begins with a vocalized reading passage that contains the lexical and grammatical items to be learned in the unit. The reading selection is followed by a lucid presentation of a grammatical principle, which explains the basic concept and compares the Hebrew and English linguistic structures. A variety of exercises reinforce the student's comprehension of the story and provide active practice in the grammatical items. Beginning with Unit 4, the reading passage is reproduced without vocalization at the end of the lesson, so that the student will become accustomed to reading both vocalized and unvocalized Hebrew early in the language program. After Unit 2, additional reading *material is provided, to enrich the student's encounter with the Hebrew language.*

The success of this method has been demonstrated in classroom situations where the language program has undergone testing. The units have been revised and rewritten in the light of practical experience, and the response of students and teachers has been most gratifying. The students find the reading selections interesting and the grammar comprehensible. The teachers enjoy a sense of direction and purpose, since they can track the logical progression of language acquisition from step to step. Precisely because the intake of both grammatical and lexical items is carefully graded and controlled, progress up the ladder of language achievement can be measured. Since both partners in the learning process know where they are and where they are going, their awareness of progress is keen and reassuring.

ARNOLD J. BAND

University of California, Los Angeles

תֹּכֶן

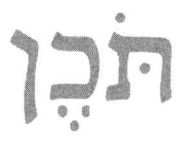

X

שָׁלוֹם!

Here is an introductory chapter for *Hebrew, Level 1*. It will help you and your teacher find out how much Hebrew you already know.

תְּפִלָּה שֶׁל יֶלֶד

הַמּוֹרֶה אוֹמֵר לַיְלָדִים בַּכִּתָּה: הַיּוֹם יֵשׁ לִי סִפּוּר יָפֶה עַל[1] יֶלֶד קָטָן. הַשֵּׁם שֶׁל הַיֶּלֶד דָּוִד. דָּוִד בְּכִתָּה א׳ בְּבֵית-הַסֵּפֶר. הוּא יֶלֶד טוֹב וְהוּא תַּלְמִיד טוֹב. הוּא לוֹמֵד אֶת הָאָלֶף-בֵּית.

[1] about

בְּרֹאשׁ הַשָּׁנָה דָּוִד הוֹלֵךְ לְבֵית-הַכְּנֶסֶת עִם הַמִּשְׁפָּחָה. הוּא יוֹשֵׁב עִם אַבָּא וְאִמָּא, וְשׁוֹמֵעַ אֶת הַתְּפִלּוֹת שֶׁל הַחַזָּן. הוּא שׁוֹמֵעַ אֶת הַשּׁוֹפָר. הוּא שׁוֹמֵעַ אֶת הָרַב מְדַבֵּר. הוּא רוֹאֶה אֶת הָאֲנָשִׁים[1] מִתְפַּלְלִים[2]. גַּם הוּא רוֹצֶה לְהִתְפַּלֵּל[1] עִם הָאֲנָשִׁים, אֲבָל[2] הוּא לֹא יוֹדֵעַ לִקְרֹא[1] אֶת הַתְּפִלּוֹת. הָאֲנָשִׁים עוֹמְדִים לְהִתְפַּלֵּל. גַּם דָּוִד עוֹמֵד וְרוֹצֶה לְהִתְפַּלֵּל. הוּא אוֹמֵר לֵאלֹהִים: "אֱלֹהִים, אֲנִי יֶלֶד טוֹב. אֲנִי רוֹצֶה לְהִתְפַּלֵּל עִם כָּל הָאֲנָשִׁים. אֲנִי רוֹצֶה לְהִתְפַּלֵּל לְשָׁנָה טוֹבָה, לְשָׁנָה שֶׁל שָׁלוֹם,

[1] people [2] praying

[1] to pray [2] but

[1] to read

לְשָׁנָה שֶׁל בְּרָכָה. בְּבַקָשָׁה אֱלֹהִים, אֲנִי רוֹצֶה
לְהִתְפַּלֵּל, אֲבָל אֲנִי לֹא יוֹדֵעַ לִקְרֹא אֶת הַסִּדּוּר.
אֲנִי לֹא יוֹדֵעַ לִקְרֹא אֶת הַתְּפִלּוֹת. אֲבָל אֲנִי יוֹדֵעַ
לִקְרֹא אֶת הָאָלֶף־בֵּית. אַתָּה, אֱלֹהִים, יוֹדֵעַ אֶת
הַכֹּל[1].

20

אֲנִי אוֹמֵר אֶת הָאָלֶף־בֵּית, וְאַתָּה עוֹשֶׂה[1]
מִן הָאָלֶף־בֵּית תְּפִלּוֹת."

דָּוִד מִתְפַּלֵּל:

"א, ב, ג, ד, ה, ו, ז, ח, ט, י, כ, ל, מ, נ, ס, ע, פ, צ, ק, ר, שׁ, ת.

[1]everything

[1]make

תּוֹדָה, אֱלֹהִים, תּוֹדָה, וְשָׁנָה טוֹבָה."

תַּרְגִּילִים

A. Circle the word that completes the sentence according to the story.

0 הַשֵּׁם שֶׁל הַיֶּלֶד (דָּוִד) מֹשֶׁה.
1 דָּוִד לוֹמֵד אֶת הַתּוֹרָה הָאָלֶף־בֵּית .
2 בְּרֹאשׁ הַשָּׁנָה דָּוִד הוֹלֵךְ לְבֵית-הַסֵּפֶר לְבֵית-הַכְּנֶסֶת .
3 הוּא יוֹשֵׁב וְ אוֹמֵר שׁוֹמֵעַ אֶת הַתְּפִלּוֹת.
4 דָּוִד מְדַבֵּר אֶל אֱלֹהִים אַבָּא וְאִמָּא .
5 דָּוִד יוֹדֵעַ לֹא יוֹדֵעַ לִקְרֹא אֶת הַסִּדּוּר.

B. Circle the word in each Hebrew sentence that means the same as the English word(s) to the left.

we	0 (אֲנַחְנוּ) לוֹמְדִים עִבְרִית.
the table	1 הָעִפָּרוֹן עַל הַשֻּׁלְחָן.
very	2 הַסִּפּוּר טוֹב מְאֹד.
the head	3 דָּן עוֹמֵד עַל הָרֹאשׁ.
and she	4 הוּא וְהִיא הוֹלְכִים לְבֵית-הַסֵּפֶר.
where	5 אֵיפֹה אַתֶּם יוֹשְׁבִים?
big	6 זֶה בַּיִת גָּדוֹל וְיָפֶה.
see	7 מָה אַתָּה רוֹאֶה בַּכִּתָּה?
gives	8 הַמּוֹרֶה נוֹתֵן סֵפֶר לְמֹשֶׁה.
in the morning	9 הִיא לוֹמֶדֶת בְּבֵית-הַסֵּפֶר בַּבֹּקֶר.
my	10 הַכִּסֵּא בַּחֶדֶר שֶׁלִּי.

Exercises in Hebrew Script Writing

Here are the print—forms of the Hebrew letters and their script equivalents. This list is not arranged according to the *alef-bet*. Rather, the letters are grouped according to their similarity of written form, and in the order of increasing complexity.

Practice writing the letters in the lines provided.

	Script	Print
	ד	ר
	ה	ה
	ח	ח
	ת	ת
	ק	ק
	כ	כ
	ך	ך
	ב	ב
	פ	פ
	ד	ד
	צ	צ

Script	Print
	ס
	ם
	ע
	י
	ו
	ן
	נ
	מ
	ט
	א
	ש
	ל
	ץ
	ף
	ג
	ז

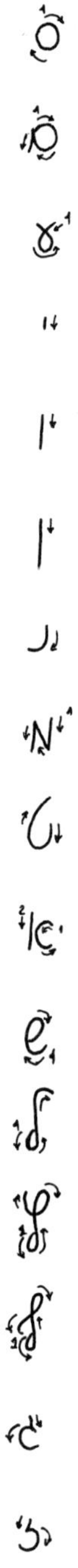

תַּרְגִּילִים

A. Write the following words in script.

1	בֵּית-סֵפֶר	8	שֶׁקֶט
2	חֲנֻכָּה	9	מְזוּזָה
3	מַזָּל טוֹב	10	כֶּסֶף
4	יְרוּשָׁלַיִם	11	עֵץ
5	גַּן	12	מַצָּה
6	הוֹלֵךְ	13	גַּם
7	צְדָקָה	14	אֶרֶץ יִשְׂרָאֵל

B. Write the following sentences in script.

1 הַיֶּלֶד לוֹמֵד אֶת הָאָלֶף-בֵּית. ______

2 הוּא יוֹשֵׁב עִם הַמִּשְׁפָּחָה. ______

3 דָּוִד שׁוֹמֵעַ אֶת הַתְּפִלּוֹת. ______

4 דָּוִד רוֹצֶה לְהִתְפַּלֵּל. ______

5 אֲנִי לֹא יוֹדֵעַ לִקְרֹא. ______

Now cover the *printed* sentences and read what you have written.

C. Write the Hebrew translations of these English words in the crossword-puzzle boxes. If you have trouble, the Hebrew words below the puzzle will be helpful.

Across

1 big
3 chair
5 table
7 my, mine
9 king
10 notebook

Down

2 window
3 dog
4 man
6 she studies
8 blackboard

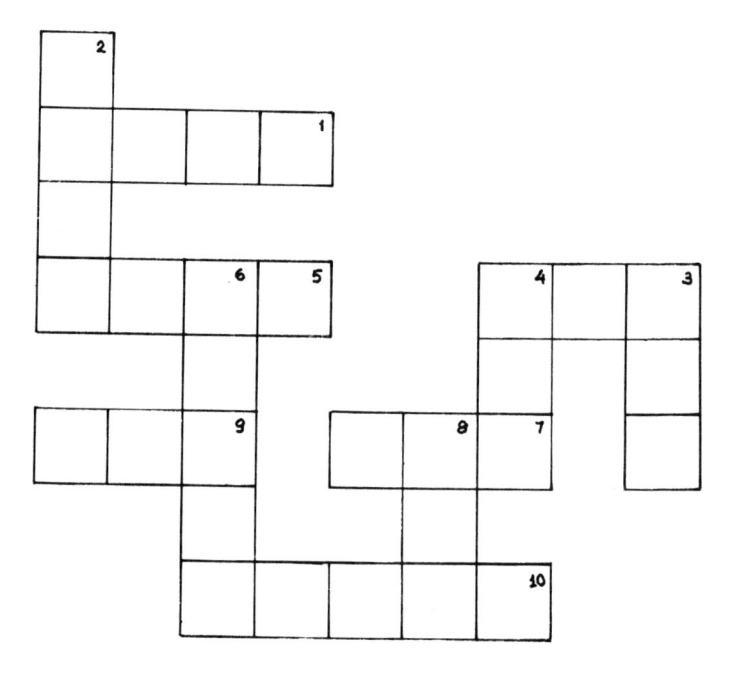

לוֹמֶדֶת / שֻׁלְחָן / שֶׁלִּי / חַלּוֹן / כִּסֵּא / מַחְבֶּרֶת / לוּחַ / מֶלֶךְ

גָּדוֹל / כֶּלֶב / אִישׁ

The Hebrew Alphabet

Printed Form	Written Form	Name of Letter	Trans-literation
א	א	ah-leph	silent
בּ	בּ	beht	b
ב	ב	veht	v
ג	ג	gee-mel	g
ד	ד	dah-let	d
ה	ה	heh	h
ו	ו	vahv	v
ז	ז	zah-yin	z
ח	ח	ḥeht	ḥ
ט	ט	teht	t
י	י	yohd	y
כּ	כּ	kahf	k
כ ך	כ ך	khahf	kh
ל	ל	lah-med	l
מ ם	מ ם	mem	m
נ ן	נ ן	nun	n
ס	ס	sah-mekh	s
ע	ע	ah-yin	*silent*
פּ	פּ	peh	p
פ ף	פ ף	feh	f
צ ץ	צ ץ	tsah-dee	ts
ק	ק	kof	q
ר	ר	rehsh	r
שׁ	שׁ	sheen	sh
שׂ	שׂ	seen	s
ת תּ	ת תּ	tav	t

1 יְחִידָה

חָבֵר טוֹב

בֵּית-סֵפֶר. הַתַּלְמִידִים יוֹשְׁבִים בַּכִּתָּה.
מוֹרָה חֲדָשָׁה[1] בָּאָה אֶל הַחֶדֶר. — [1] new

הַמּוֹרָה: שָׁלוֹם תַּלְמִידִים. הַיּוֹם אֲנַחְנוּ לוֹמְדִים
עִבְרִית. מִי כּוֹתֵב[1] וְקוֹרֵא[2] עִבְרִית? — [1] writes [2] reads
שִׁמְעוֹן: אֲנִי קוֹרֵא עִבְרִית, אֲבָל[1] אֲנִי לֹא כּוֹתֵב. — [1] but
הַמּוֹרָה: מִי מְדַבֵּר עִבְרִית?
לֵאָה: אֲנִי מְדַבֶּרֶת עִבְרִית, אֲבָל גַּם אֲנִי לֹא כּוֹתֶבֶת.
דָּן וְדִינָה: אֲנַחְנוּ קוֹרְאִים וְגַם כּוֹתְבִים.
יוֹסִי: אֲנִי חָכָם[1]. אֲנִי מְדַבֵּר, כּוֹתֵב, וְקוֹרֵא עִבְרִית. — [1] smart
הַמּוֹרָה: יָפֶה מְאֹד, יוֹסִי. אַתָּה יֶלֶד חָכָם.
יוֹסִי: יֵשׁ לִי[1] חָבֵר טוֹב וְגַם הוּא חָכָם. — [1] I have
אֲבָל הוּא לֹא לוֹמֵד. הוּא לֹא מְדַבֵּר,
לֹא כּוֹתֵב, וְלֹא קוֹרֵא עִבְרִית.
הַמּוֹרָה: מַדּוּעַ[1] הֶחָבֵר שֶׁלְּךָ[2] לֹא לוֹמֵד — [1] why [2] your
בְּבֵית-הַסֵּפֶר?
יוֹסִי: טוֹב! מָחָר[1] אֲנִי בָּא עִם[2] הֶחָבֵר שֶׁלִּי. — [1] tomorrow [2] with

בַּבֹּקֶר הַתַּלְמִידִים יוֹשְׁבִים בַּכִּתָּה.

הַמּוֹרָה: (שׁוֹאֶלֶת¹) יוֹסִי, אֵיפֹה הֶחָבֵר שֶׁלְּךָ?   ¹asks

יוֹסִי: הִנֵּה הוּא! הוּא יוֹשֵׁב עַל־יַד¹ הַכִּסֵּא שֶׁלִּי.   ¹near

עַל־יַד יוֹסִי יוֹשֵׁב כֶּלֶב קָטָן וְיָפֶה.

מִלּוֹן

חָדָשׁ, חֲדָשָׁה	new
כּוֹתֵב	I, you, he write(s)
קוֹרֵא	I, you, he read(s), call(s)
אֲבָל	but
חָכָם	smart, wise
יֵשׁ לִי	I have
מַדּוּעַ	why
שֶׁלְּךָ	your(s) (m.)
מָחָר	tomorrow
עִם	with
שׁוֹאֶלֶת	I, you, she ask(s)
עַל־יַד	near

תַּרְגִּילִים

A. Circle the word or phrase that best completes the sentence according to the story.

0 הַתַּלְמִידִים לוֹמְדִים (עִבְרִית) סִפּוּר .
1 הַתַּלְמִידִים יוֹשְׁבִים בַּבַּיִת בְּבֵית-הַסֵּפֶר .
2 יוֹסִי וְלֵאָה מְדַבְּרִים כּוֹתְבִים עִבְרִית.
3 הֶחָבֵר שֶׁל יוֹסִי קוֹרֵא לֹא קוֹרֵא עִבְרִית.
4 יוֹסִי בָּא אֶל בֵּית-הַסֵּפֶר עִם חָבֵר מוֹרָה .
5 הֶחָבֵר שֶׁל יוֹסִי כֶּלֶב קָטָן יֶלֶד קָטָן .

B. Read the story and answer כֵּן or לֹא. If the sentence is incorrect, rewrite it.

0 שִׁמְעוֹן כּוֹתֵב עִבְרִית. לֹא

שמעון קורא עברית.

1 הַמּוֹרָה מְדַבֶּרֶת אֶל הַתַּלְמִידִים. ______

______

2 שִׁמְעוֹן, דָּן וְדִינָה קוֹרְאִים עִבְרִית. ______

______

3 הֶחָבֵר שֶׁל יוֹסִי לוֹמֵד בְּבֵית-הַסֵּפֶר. ______

______

4 הֶחָבֵר שֶׁל יוֹסִי יוֹשֵׁב עַל־יַד הַמּוֹרָה. ______

______

5 הַכֶּלֶב חָבֵר טוֹב. ______

______

C. Read and translate.

0 הַיּוֹם אֲנַחְנוּ לוֹמְדִים עִבְרִית.

Today we are studying Hebrew.

1 הַתַּלְמִידִים מְדַבְּרִים, כּוֹתְבִים וְקוֹרְאִים עִבְרִית.

2 הַמּוֹרָה שׁוֹאֶלֶת: מִי מְדַבֵּר עִבְרִית?

3 יוֹסִי אוֹמֵר: אֲנִי בָּא עִם הֶחָבֵר שֶׁלִּי.

4 בַּבֹּקֶר הַתַּלְמִידִים יוֹשְׁבִים בַּכִּתָּה.

5 כֶּלֶב קָטָן וְיָפֶה יוֹשֵׁב עַל־יַד הַכִּסֵּא שֶׁל יוֹסִי.

Nouns: Masculine and Feminine Gender

In English, we associate some nouns with men and some with women.

	Men	Women
people's names	David	Rachel
relatives	uncle	aunt
professions	actor	actress
animals	rooster	hen

We call those nouns we associate with men **masculine.**
We call those nouns we associate with women **feminine.**

In English, most nouns have no specific gender. We do not usually associate a rock or a building as masculine or feminine.

In Hebrew, **all nouns are either masculine or feminine.**

The word סֵפֶר is masculine.
The word כִּפָּה is feminine.

The masculine noun in the singular form may end in many ways.

	Masculine
student	תַּלְמִיד
uncle	דּוֹד
book	סֵפֶר
holiday	חַג
Joseph	יוֹסֵף

The feminine singular noun frequently ends in ◌ָה.

	Feminine
student	תַּלְמִידָה
aunt	דּוֹדָה
Torah	תּוֹרָה
year	שָׁנָה
Rebecca	רִבְקָה

For some words, the feminine singular ending is a ת.

daughter	בַּת
prayer shawl	טַלִּית
door	דֶּלֶת
notebook	מַחְבֶּרֶת

Inscription found in excavations at the Western Wall, Jerusalem. It directs the priests of the Second Temple "to the place of the trumpeting."

תַּרְגִּילִים

A. Here are some people whom you will meet in this textbook.
Write **M** next to a boy's name, and **F** next to a girl's name.

דָּוִד M	רָחֵל ___	בִּנְיָמִין ___	יָרוֹן ___
שָׂרָה F	דָּנִי ___	שׁוֹשַׁנָּה ___	יוֹסֵף ___
לֵאָה ___	דִּינָה ___	אֲבִיבָה ___	דְּבוֹרָה ___
יוֹסִי ___	רוּת ___	דֹּב ___	רְאוּבֵן ___
שְׁלֹמֹה ___	מִיכָאֵל ___	מִרְיָם ___	שִׁמְעוֹן ___

B. Put each noun in the masculine or the feminine column.

מוֹרֶה
מוֹרָה
יֶלֶד
חַזָּן
אִמָּא
דֶּלֶת
כֶּלֶב
מַלְכָּה
מֶלֶךְ
סֵפֶר
כִּתָּה
בַּת
מְנוֹרָה
כִּסֵּא
עִפָּרוֹן
מַחְבֶּרֶת
מִשְׁפָּחָה
יוֹם
חֲבֵרָה
שָׁבוּעַ

Masculine	Feminine
מוֹרֶה	מוֹרָה

The Siloam tunnel dug by order of Hezekiah, King of Judah, to bring water within the city walls of Jerusalem. The inscription (c. 701 B.C.E.) tells how two groups of workmen dug from opposite ends until they heard each other's voices and "hewed each man toward his fellow, axe against axe."

Nouns: Singular and Plural

In English, nouns appear either as singular (book) or plural (books). In English we generally add "s" and sometimes "es" to make the plural.

In Hebrew, since every noun has a gender (masculine or feminine), **there is a distinctive plural ending for each gender.**

masculine **◌ִים** **תַּלְמִידִים** **תַּלְמִיד**

Masculine nouns form their plural by adding **◌ִים** to the singular.

feminine **◌וֹת** **תַּלְמִידוֹת** תַּלְמִידָה

Feminine nouns form their plural by dropping ◌ָה and adding **◌וֹת**.

Here are the plurals of some nouns you already know.

תַּלְמִיד	תַּלְמִידִים	תַּלְמִידָה	תַּלְמִידוֹת
דּוֹד	דּוֹדִים	דּוֹדָה	דּוֹדוֹת
סִדּוּר	סִדּוּרִים	מוֹרָה	מוֹרוֹת
סִפּוּר	סִפּוּרִים	כִּפָּה	כִּפּוֹת

תַּרְגִּילִים

A. Put each of the following nouns in the singular or the plural column.

דּוֹדִים / יַלְדָּה / כְּלָבִים / מַחְבֶּרֶת / חֲבֵרִים / כִּתּוֹת / תּוֹרָה
בֹּקֶר / חַגִּים / מַחְבָּרוֹת / שׁוֹפָר / בַּיִת

Singular	Plural
יַלְדָּה	דּוֹדִים

B. Change the following words to plural. Remember, you must decide if each word is masculine or feminine.

סִפּוּר	סִפּוּרִים	סֻכָּה	
דּוֹד		עֵץ	
כִּפָּה		תַּלְמִידָה	
תַּלְמִיד		מְזוּזָה	
מַצָּה		סִדּוּר	

The Definite Article

a book	סֵפֶר
the book	הַסֵּפֶר

English has an indefinite article **a** as in *a book.*
Hebrew has no indefinite article.
סֵפֶר means either *book* or *a book.*

English has a definite article **the.** The definite article tells us that we are talking about a specific object.
In Hebrew, the definite article הַ is attached to the beginning of the word to make it definite.

הַ + סֵפֶר = הַסֵּפֶר

the book	הַסֵּפֶר	the students	הַתַּלְמִידִים
the girl	הַיַּלְדָּה	the teachers	הַמּוֹרוֹת

תַּרְגִּיל

A. Write each of the following words next to its English equivalent.

מוֹרֶה / הָאֵם / מַחְבֶּרֶת / חֶדֶר / תַּלְמִידָה / הַמּוֹרֶה / הַכֶּלֶב
הַחֶדֶר / אֵם / הַכִּתָּה /

a notebook	מַחְבֶּרֶת	the dog	______
a teacher	______	the teacher	______
a student	______	the mother	______
a mother	______	the class	______
a room	______	the room	______

Present Tense (הֹוֶה): Masculine Singular

David sits, is sitting, does sit	דָּוִד יוֹשֵׁב
a man says, is saying, does say	אִישׁ אוֹמֵר
a teacher stands, is standing, does stand	מוֹרֶה עוֹמֵד

Each of these **present tense** verbs is a **masculine singular form.**
Each verb follows a masculine singular noun.

Notice that **each verb has three consonants and a similar vowel pattern:**

the vowel וֹ (חוֹלָם) between the first and
second consonants

the vowel ◌ֵ (צֵירֶה) under the second consonant

We call the **three consonants** a **root** (שֹׁרֶשׁ).

In this book we will use ◌ to stand for each letter of the שֹׁרֶשׁ.

The **pattern for the masculine singular in the present tense is**

◌ֵ◌וֹ◌

Other examples of masculine singular verbs are

writes	כּוֹתֵב
walks	הוֹלֵךְ
asks	שׁוֹאֵל
learns } studies }	לוֹמֵד

In Hebrew, each present tense verb form has several English equivalents.

writes, is writing, does write	כּוֹתֵב
asks, is asking, does ask	שׁוֹאֵל

Present Tense (הֹוֶה): Feminine Singular

Esther sits	אֶסְתֵּר יוֹשֶׁבֶת
the daughter walks	הַבַּת הוֹלֶכֶת
the teacher stands	הַמּוֹרָה עוֹמֶדֶת

This is the **feminine singular form of the present tense.**
The שֹׁרֶשׁ and the וֹ (חוֹלָם) are similar to the masculine □וֹ□□.
A **ת** (the sign of the feminine) has been added at the end, and the vowel □ֶ (סֶגוֹל) is under the second and third consonants of the שֹׁרֶשׁ.

The **vowel pattern** is □וֹ□ֶ□ֶת.

Here are examples of feminine singular verbs.

כּוֹתֶבֶת אוֹמֶרֶת שׁוֹאֶלֶת לוֹמֶדֶת

The Gezer calendar (10th century B.C.E.) is the most ancient document written in Hebrew.

Present Tense (הֹוֶה): Plural

Masculine Plural

the teachers stand	הַמּוֹרִים עוֹמְדִים
the students sit	הַתַּלְמִידִים יוֹשְׁבִים
the boys walk	הַיְלָדִים הוֹלְכִים

Feminine Plural

the teachers stand	הַמּוֹרוֹת עוֹמְדוֹת
the students sit	הַתַּלְמִידוֹת יוֹשְׁבוֹת
the girls walk	הַיְלָדוֹת הוֹלְכוֹת

In the plural form of the verb, a **plural ending** has been added.

masculine	◻ִים
feminine	◻וֹת

The **basic vowel pattern** is ◻וֹ◻ְ◻ִים ◻וֹ◻ְ◻וֹת

Here are examples of plural verbs.

Feminine	Masculine
לוֹמְדוֹת	לוֹמְדִים
כּוֹתְבוֹת	כּוֹתְבִים
אוֹמְרוֹת	אוֹמְרִים
עוֹמְדוֹת	עוֹמְדִים

We can organize these four **present tense forms** in a table.

	Feminine	Masculine
Singular	יוֹשֶׁבֶת	יוֹשֵׁב
Plural	יוֹשְׁבוֹת	יוֹשְׁבִים

תַּרְגִּילִים

A. Write the singular forms of each of the following verbs.

Feminine	Masculine	שֹׁרֶשׁ
כּוֹתֶבֶת	כּוֹתֵב	√כתב
		√אמר
		√שאל
		√נתן
		√למד
		√הלך

B. Write the plural forms of each of the following verbs.

Feminine	Masculine	שֹׁרֶשׁ
כּוֹתְבוֹת	כּוֹתְבִים	√כתב
		√הלך
		√למד
		√ישב
		√אמר
		√ידע

Note: The √ sign will be used to indicate the שֹׁרֶשׁ of a verb.

C.   Complete each sentence with the proper form of the שֹׁרֶשׁ.

0   הוּא   כתב√ ___כּוֹתֵב___ סֵפֶר.

1   אִמָּא   אמר√ _____ ״שָׁלוֹם״.

2   הַיֶּלֶד   קרא√ _____ סִפּוּר.

3   הַתַּלְמִידִים   למד√ _____ בְּבֵית-הַסֵּפֶר.

4   הַכֶּלֶב   ישב√ _____ עַל-יַד הַכִּסֵּא.

5   רוּת   כתב√ _____ לְאִמָּא.

6   הַיַּלְדָּה   ישב√ _____ בַּבַּיִת.

7   הַמּוֹרֶה   שאל√ _____ שְׁאֵלוֹת.

8   הַתַּלְמִידוֹת   הלך√ _____ לַכִּתָּה.

דאֵ 3√

Basic Verbal Sentence

In Hebrew, as in English, **a sentence** is a string of words, arranged in a certain order to convey **a complete thought.** Each word in a sentence has a certain function.

Normally a sentence has two major parts: a subject **s** and a verb **v.**

Ruth	says		רוּת אוֹמֶרֶת
s	v		v s

Dan	walks		דָּן הוֹלֵךְ
s	v		v s

The **subject** is the **person or thing which performs the action** of the sentence.
The **verb** tells us the **kind of action** taking place.

In both Hebrew and English the verb normally follows the subject.

Noun-Verb Agreement

As in English, **the subject and the verb must agree.**

In **gender,** we match masculine with masculine, and feminine with feminine.

In **number,** we match singular with singular, and plural with plural.

The student (m.) sits.	הַתַּלְמִיד יוֹשֵׁב.
The student (f.) sits.	הַתַּלְמִידָה יוֹשֶׁבֶת.
The students (m.) sit.	הַתַּלְמִידִים יוֹשְׁבִים.
The students (f.) sit.	הַתַּלְמִידוֹת יוֹשְׁבוֹת.

תַּרְגִּילִים

A. Draw a line from the subject in the middle of the circle to the verbs
    that correctly agree with it.

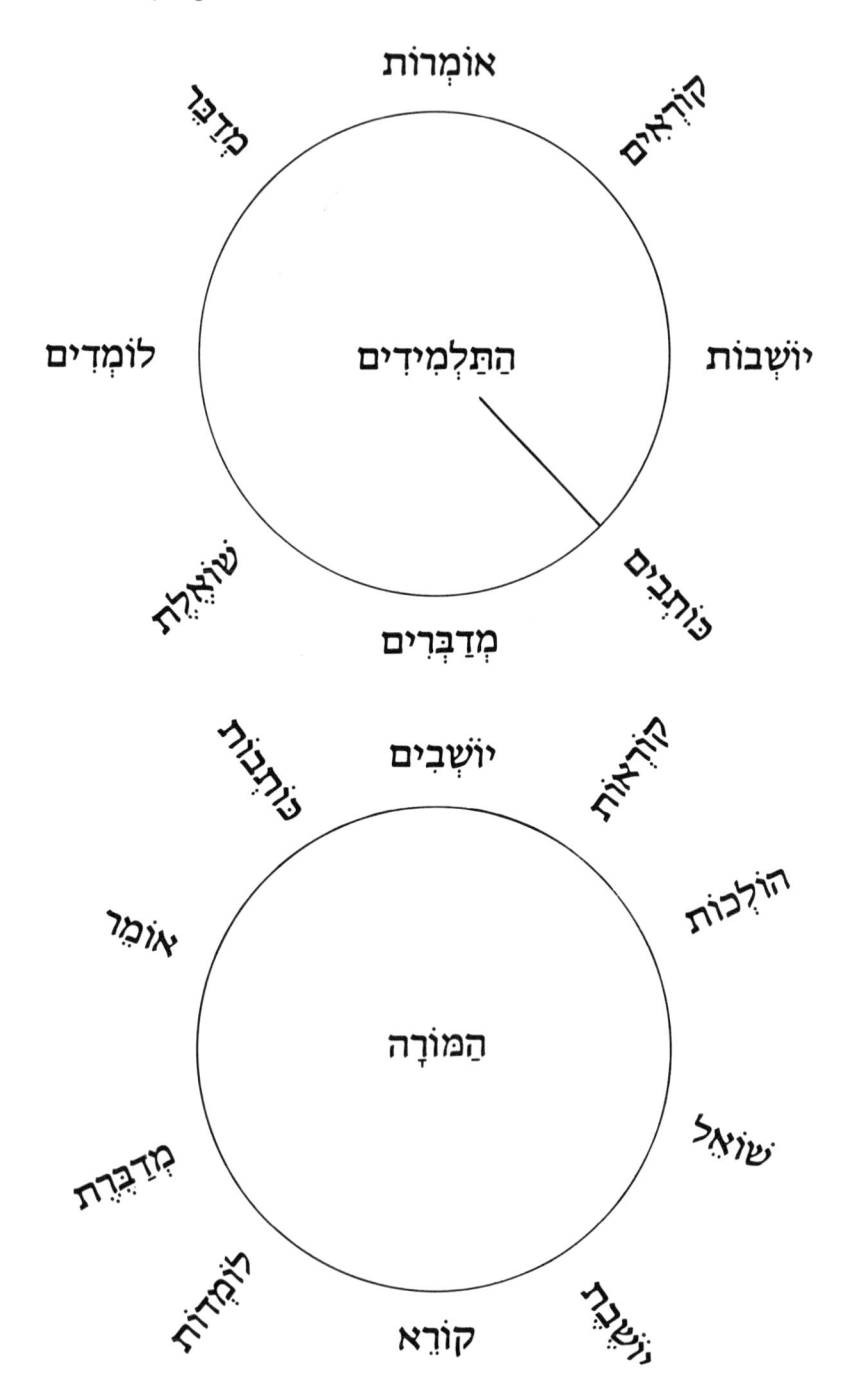

B. Make up 8 sentences by choosing one word or phrase from each column.

א	ב	ג
הַכֶּלֶב	אוֹמֶרֶת	שָׁלוֹם
דָּן	יוֹשֵׁב	עִבְרִית
רוּת	כּוֹתְבִים	בַּכִּתָּה
רָחֵל וְרִבְקָה	כּוֹתֵב	עַל־יַד הַבַּיִת
הַתַּלְמִידִים	יוֹשְׁבוֹת	סִפּוּר
אֲנִי	מְדַבֶּרֶת	תְּפִלָּה

0 הַכֶּלֶב יוֹשֵׁב עַל-יַד הַבַּיִת.

1 __________

2 __________

3 __________

4 __________

5 __________

6 __________

7 __________

8 __________

Development of the Alphabet

Serabit el Khadem, Sinai, Proto-Canaanite, 1500 B.C.E.

Beth-Shemesh Ostracon, Proto-Canaanite, 1200 B.C.E.

Ahiram Sarcophague Phoenician, 1000 B.C.E.

Gezer Calendar, Hebrew, end of 10th century B.C.E.

Mesha Stele, Hebrew, mid-9th century B.C.E.

Kilamu Inscription, Phoenician, late 9th century B.C.E.

Siloam Inscription, Hebrew, late 8th century B.C.E.

Hebrew Seals, 7th century B.C.E.

Hebrew Ostraca, Arad, early 6th century B.C.E.

Elephantine Papyrus, Aramaic, late 5th century B.C.E.

Leviticus Scroll, Qumran, Paleo-Hebrew, late 2nd century B.C.E.

Samaritan Manuscript, 13th century C.E.

Isaiah Scroll I, Qumran, Square Hebrew, late 2nd century B.C.E.

Classical Greek Script

Latin Script

Nabataean Script, 1st century B.C.E.

Classical Arabic Script

יְחִידָה 2

אֵיפֹה הַמוֹרֶה הַיוֹם?

יוֹם אֶחָד דָּן הָלַךְ לְבֵית-הַסֵּפֶר. הוּא בָּא לַכִּתָּה,

was ¹ — וְהַמוֹרֶה לֹא הָיָה¹ בַּחֶדֶר.

דָּן אָמַר לַתַּלְמִידִים: "אֲנִי הַמוֹרֶה!"

got up ¹ **shouted** ² — יוֹסֵף קָם¹ וְצָעַק²: "לֹא, הוּא לֹא הַמוֹרֶה!
אֲנִי הַמוֹרֶה!" 5

הַתַּלְמִידִים אָמְרוּ: "אֲנַחְנוּ רוֹצִים אֶת דָּן.
דָּן תַּלְמִיד טוֹב. הוּא הַמוֹרֶה."

O.K. ¹ — יוֹסֵף אָמַר: "בְּסֵדֶר¹, דָּן הַמוֹרֶה וְלֹא אֲנִי."

stood ¹ **took** ² **chalk** ³ — דָּן עָמַד¹. הוּא לָקַח² גִּיר³ וְכָתַב עַל הַלוּחַ:
אֵיפֹה הַמוֹרֶה הַיוֹם? 10

sick ¹ — יוֹסֵף אָמַר: "הַמוֹרֶה חוֹלֶה¹."

רוּת אָמְרָה: "הַמוֹרֶה בְּנְיוּ-יוֹרְק."

is sleeping ¹ — אֲבִיבָה וּמֹשֶׁה אָמְרוּ: "הַמוֹרֶה יָשֵׁן¹."

now ¹ **everyone** ² — דָּן אָמַר: "טוֹב! עַכְשָׁו¹ כָּל אֶחָד² כּוֹתֵב סִפּוּר:
"מַדּוּעַ הַמוֹרֶה לֹא בָּא הַיוֹם לְבֵית-הַסֵּפֶר." 15

were happy ¹ — הַתַּלְמִידִים שָׂמְחוּ¹. הֵם לָקְחוּ מַחְבָּרוֹת.
הֵם יָשְׁבוּ וְכָתְבוּ בְּשֶׁקֶט.

הַמּוֹרֶה בָּא וְעָמַד עַל-יַד הַדֶּלֶת וְלֹא שָׁמַע רַעַשׁ[1].

noise[1]

הוּא עָמַד רֶגַע[1] וְחָשַׁב[2]: אֵיפֹה הַתַּלְמִידִים שֶׁלִּי?

a moment[1] thought[2]

20   אֲנִי לֹא שׁוֹמֵעַ רַעַשׁ בַּכִּתָּה.

אוּלַי[1] הַיּוֹם חַג, וְאֵין שִׁעוּרִים[2] הַיּוֹם!

perhaps[1] lessons[2]

הַמּוֹרֶה הָלַךְ הַבַּיְתָה[1].

home[1]

מִלּוֹן

he was	הָיָה	
he got up	קָם	
he shouted	צָעַק — צעק√	
O.K.	בְּסֵדֶר	(literally, "in order")
he stood	עָמַד — עמד√	
he took	לָקַח — לקח√	
chalk	גִּיר	
sick	חוֹלֶה	
asleep	יָשֵׁן	
now	עַכְשָׁו	
everyone	כָּל אֶחָד	
they were happy	שָׂמְחוּ — שמח√	
noise	רַעַשׁ	
a moment	רֶגַע	
he thought	חָשַׁב — חשב√	
perhaps	אוּלַי	
lesson(s)	שִׁעוּר, שִׁעוּרִים	
home (to the house)	הַבַּיְתָה	
yesterday	אֶתְמוֹל	

תַּרְגִּילִים

A. Match the *opposites* from column א with those in column ב.

ב		א	
_____ תַּלְמִיד		אִמָּא	1
_____ גָּדוֹל		אִשָּׁה	2
_____ מָחָר		עוֹמֵד	3
__1__ אַבָּא		מוֹרֶה	4
_____ בַּת		הַיּוֹם	5
_____ נָתַן		יֶלֶד	6
_____ רַע		טוֹב	7
_____ אִישׁ		קָטָן	8
_____ יַלְדָּה		לָקַח	9
_____ יוֹשֵׁב		בֵּן	10

B. Select the correct word from the following word list that best completes each sentence. Each word may be used only once.

אֵיפֹה / כֶּלֶב / שִׁעוּרִים / שָׂמְחוּ / עָמַד / כָּתְבוּ / מַדּוּעַ
הַבַּיְתָה / גִּיר / בְּשֶׁקֶט / עַכְשָׁו

0 אֲנִי רוֹצֶה ‏‏‏ כֶּלֶב ‏‏‏‏‏‏‏‏‏‏‏‏‏‏‏‏‏‏‏‏‏‏‏‏‏‏‏‏‏‏‏‏‏‏‏‏ קָטָן.

1 דָּן ‏‏ עַל־יַד הַלּוּחַ.

2 ‏‏ הוּא לֹא הָלַךְ לַכִּתָּה?

3 הַתַּלְמִידִים יָשְׁבוּ ‏‏.

4 ‏‏ הַמּוֹרֶה?

5 הַתַּלְמִידִים ‏‏ סִפּוּרִים.

6 רְאוּבֵן לָקַח אֶת הַ‏‏.

7 ‏‏ אֲנַחְנוּ כּוֹתְבִים עִבְרִית.

8 הַיּוֹם חַג, אֵין ‏‏.

9 הַיְלָדִים ‏‏ בְּשִׂמְחַת־תּוֹרָה.

10 הָאָב בָּא ‏‏ בָּעֶרֶב.

C. Read the story and circle the answer that *best* completes the sentence.

0 בַּכִּתָּה הַזּאת אֲנַחְנוּ לוֹמְדִים
א. אַנְגְלִית.
(ב.) עִבְרִית.
ג. תּוֹרָה.

1 יוֹם אֶחָד דָּן הָלַךְ לְ...
א. בֵּית-הַסֵּפֶר.
ב. בֵּית-הַכְּנֶסֶת.
ג. אֶרֶץ יִשְׂרָאֵל.

2 דָּן אָמַר לַתַּלְמִידִים:
א. אֵיפֹה הַמּוֹרֶה?
ב. מֹשֶׁה הַמּוֹרֶה.
ג. אֲנִי הַמּוֹרֶה.

3 יוֹסֵף אָמַר:
א. מֹשֶׁה הַמּוֹרֶה.
ב. בְּסֵדֶר, דָּן הַמּוֹרֶה.
ג. אֵיפֹה הַמּוֹרֶה?

4 הַתַּלְמִידִים לָקְחוּ
א. גִּיר.
ב. מַחְבָּרוֹת.
ג. סְפָרִים.

5 הַתַּלְמִידִים כָּתְבוּ סִפּוּר:
א. ״הַמּוֹרֶה בְּנְיוּ יוֹרְק״.
ב. ״מוֹרֶה טוֹב״.
ג. ״מַדּוּעַ הַמּוֹרֶה לֹא בַּכִּתָּה״.

6 הַמּוֹרֶה חָשַׁב:
א. אֵין שִׁעוּרִים הַיּוֹם.
ב. דָּן הַמּוֹרֶה.
ג. אֲנִי שׁוֹמֵעַ רַעַשׁ.

7 הַמּוֹרֶה הוֹלֵךְ
א. לְבֵית-הַכְּנֶסֶת.
ב. לִנְיוּ יוֹרְק.
ג. הַבַּיְתָה.

Personal Pronouns

Pronouns are words which **substitute for nouns.**

The girl saw Michael.	**She** saw Michael.
Ruth saw Michael.	**She** saw Michael.

She is the **personal pronoun** that substitutes for *the girl* and *Ruth.* Like *the girl* and *Ruth,* **she** is the **subject of the verb.**

Important: Personal pronouns can be used *only* as subjects of sentences.

In English, the personal pronouns are:

	Singular	Plural
first person	I	we
second person	you	you
third person	he, she, it	they

In Hebrew, the personal pronouns are:

Feminine Singular		Masculine Singular	
I	אֲנִי	I	אֲנִי
you	אַתְּ	you	אַתָּה
she	הִיא	he	הוּא

Feminine Plural		Masculine Plural	
we	אֲנַחְנוּ	we	אֲנַחְנוּ
you	אַתֶּן	you	אַתֶּם
they	הֵן	they	הֵם

From the chart, you can note the following:

1. The first person pronouns, both singular and plural, are the same in masculine and feminine.

I	אֲנִי
we	אֲנַחְנוּ

2. In the second and third persons, there are distinct forms for masculine and feminine.

	Feminine	Masculine
you (s.)	אַתְּ	אַתָּה
he, she	הִיא	הוּא
you (pl.)	אַתֶּן	אַתֶּם
they	הֵן	הֵם

3. There is no word for *it* in Hebrew. All pronouns are either masculine or feminine. Therefore, when you translate the word *it* in English, you must use either הוּא or הִיא in Hebrew.

Use הוּא if the *it* is masculine. Use הִיא if the *it* is feminine.

The book fell.	הַסֵּפֶר נָפַל.
It (the book) fell.	**הוּא** נָפַל.
The notebook fell.	הַמַּחְבֶּרֶת נָפְלָה.
It (the notebook) fell.	**הִיא** נָפְלָה.

תַּרְגִּילִים

A. Circle the personal pronoun in each sentence.

0 (I) am a student.
1 She went home.
2 Are you leaving now?
3 We want to read the story.
4 He drove to the library.
5 Didn't they like the cake?

B. Indicate whether the following pronouns are singular (S.) or plural (Pl.); *and* masculine (M.) or feminine (F.).

M. or F.	S. or Pl.	Pronoun
M	S	0 הוּא
____	____	1 אֲנִי
____	____	2 אַתְּ
____	____	3 הֵם
____	____	4 אַתֶּם
____	____	5 הֵן
____	____	6 הִיא
____	____	7 אַתָּה
____	____	8 אֲנַחְנוּ
____	____	9 אַתֶּן
____	____	10 הוּא

C. Write the plural.

0 אֲנִי ___אנחנו___
1 הוּא ______
2 אַתְּ ______
3 אַתָּה ______
4 הִיא ______

D. Write the singular.

0 הֵם ___הוא___
1 אַתֶּן ______
2 אֲנַחְנוּ ______
3 אַתֶּם ______
4 הֵן ______

E. Fill in the blanks with the Hebrew pronoun.

0 ___הוא___ כּוֹתֵב בַּמַּחְבֶּרֶת. — he
1 ______ חוֹשֶׁבֶת עַל הַיֶּלֶד. — she
2 ______ מְדַבְּרִים עִבְרִית. — we
3 ______ לוֹמֶדֶת עִבְרִית. — you
4 ______ הוֹלֵךְ אֶל הַכִּתָּה. — I
5 ______ יוֹשְׁבִים עַל־יַד הַבַּיִת. — they
6 דָּנִי וְשָׂרָה, ______ כּוֹתְבִים סִפּוּר? — you
7 יִצְחָק, אֵיפֹה ______ לוֹמֵד? — you
8 ______ שׁוֹאֲלוֹת הַרְבֵּה שְׁאֵלוֹת. — they
9 ______ עוֹמְדוֹת פֹּה. — you
10 ______ יָשֵׁן כָּל הַיּוֹם. — he

Past Tense (עָבָר), Third Person

Dan wrote.	דָּן כָּתַב.
He wrote.	הוּא כָּתַב.
The boy wrote.	הַיֶּלֶד כָּתַב.

In the past tense, the **third person masculine singular** (הוּא) consists of a **three-consonant root** (שֹׁרֶשׁ) and a **vowel pattern** ◻ָ◻ַ◻. This is called the **base form.** The base form of these verbs is ◻ָ◻ַ◻. **There is only one form of the past tense in Hebrew.**

Dan wrote. Dan did write. Dan had written. Dan has written. Dan was writing.	דָּן כָּתַב.

The **feminine singular form of the third person** in עָבָר is ◻ָ◻ְ◻ָה.

Ruth wrote.	רוּת כָּתְבָה.
She wrote.	הִיא כָּתְבָה.
The girl wrote.	הַיַּלְדָּה כָּתְבָה.

The **plural form of the third person** in the עָבָר is ◻ָ◻ְ◻וּ.

They (m.) wrote.	הֵם כָּתְבוּ.
The boys wrote.	הַיְלָדִים כָּתְבוּ.
They (f.) wrote.	הֵן כָּתְבוּ.
The girls wrote.	הַיְלָדוֹת כָּתְבוּ.

In the plural, the same form is used for the masculine and feminine.

Here are the forms of the **third person, past tense.**

He wrote.	כָּתַב.	הוּא ◻ָ◻ַ◻
She wrote.	כָּתְבָה.	הִיא ◻ָ◻ְ◻ָה
They (m.) wrote.	כָּתְבוּ.	הֵם ◻ָ◻ְ◻וּ
They (f.) wrote.	כָּתְבוּ.	הֵן ◻ָ◻ְ◻וּ

תַּרְגִּילִים

A. Find 10 verbs in the story we have read in this unit. Write the line number in which each verb appears, the verb, the tense (present or past), the gender (masculine or feminine), and the meaning.

Meaning	Gender	Tense	Verb	Line #	
he walked he went	masculine	past	הָלַךְ	1	0
					1
					2
					3
					4
					5
					6
					7
					8
					9
					10

B. Circle the verb and write the שֹׁרֶשׁ in the blank.

0 הַיְלָדִים (כּוֹתְבִים) בַּמַּחְבָּרוֹת. ___כתב___

1 הִיא עוֹמֶדֶת לִפְנֵי הַדֶּלֶת. ______

2 הַתַּלְמִידָה אָמְרָה: ״שָׁלוֹם.״ ______

3 הֵם הָלְכוּ הַבַּיְתָה. ______

4 הֵן שׁוֹמְעוֹת אֶת הַסִּפּוּר. ______

5 דָּנִי לָקַח סְפָרִים לְבֵית-הַסֵּפֶר. ______

C. Complete the chart.

	כתב√	למד√	הלך√
הוּא	כָּתַב		
הִיא	כָּתְבָה		
הֵם-הֵן	כָּתְבוּ		

D. Change the verbs from the present to the past.

0 עַכְשָׁו הִיא עוֹמֶדֶת עַל־יַד הַלּוּחַ. אֶתְמוֹל הִיא ___עָמְדָה___ לִפְנֵי הַבַּיִת.

1 הַיּוֹם הֵם הוֹלְכִים לַקִּבּוּץ. אֶתְמוֹל הֵם ______ הַבַּיְתָה.

2 עַכְשָׁו הוּא לוֹמֵד עִבְרִית. גַּם אֶתְמוֹל הוּא ______ עִבְרִית.

3 הֵן כּוֹתְבוֹת עַל הַלּוּחַ עַכְשָׁו. אֶתְמוֹל הֵן ______ בַּמַּחְבָּרוֹת.

4 הַיּוֹם הִיא יוֹשֶׁבֶת בַּסֻּכָּה. אֶתְמוֹל הִיא ______ בַּכִּתָּה.

E. Find the verb in each sentence. Write the root of the verb in the squares. When you have finished, the outlined column will tell you something about yourself.

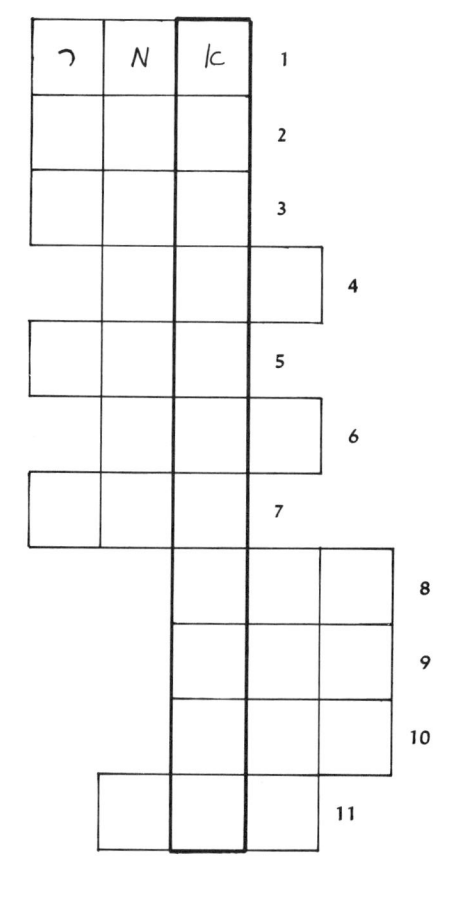

1 הַיְלָדִים אוֹמְרִים.

2 הַמּוֹרֶה נוֹתֵן.

3 אֲנַחְנוּ יוֹשְׁבוֹת.

4 הַמּוֹרָה כּוֹתֶבֶת.

5 הַתַּלְמִיד לוֹקֵחַ.

6 הָאִישׁ שָׁמַע.

7 רָחֵל יָדְעָה.

8 הַכְּלָבִים עָמְדוּ.

9 רִבְקָה לָקְחָה.

10 יְלָדוֹת הוֹלְכוֹת.

11 הַתַּלְמִידִים לוֹמְדִים.

Write the sentence in the outlined squares.

_____

Translate it. _____

_____

F.   Write the correct form of the past tense of each verb.

0   מֹשֶׁה לקח√ __לָקַח__ אֶת הַסֵּפֶר.

1   דָּן אמר√ _____ "תּוֹדָה" לְרִבְקָה.

2   אֶתְמוֹל הִיא עמד√ _____ עַל־יַד הַבַּיִת.

3   הַמּוֹרֶה חשב√ _____ עַל הַכִּתָּה.

4   הוּא כתב√ _____ בַּמַּחְבֶּרֶת.

5   הֵם למד√ _____ עִבְרִית.

6   הוּא שאל√ _____ שְׁאֵלָה טוֹבָה אֶתְמוֹל.

7   הֵן קרא√ _____ סִפּוּר יָפֶה.

8   שְׁלֹמֹה וְיָרוֹן הלך√ _____ אֶל הַחֶדֶר שֶׁלִּי.

9   לֵאָה וְדָוִד ישב√ _____ בַּכִּתָּה.

10   אֶתְמוֹל, דִּינָה וְרָחֵל הלך√ _____ אֶל בֵּית־הַסֵּפֶר.

Negation

Dan studies.	דָּן לוֹמֵד.
Dan does **not** study.	דָּן **לֹא** לוֹמֵד.

To put the verb in the negative, we place the word לֹא before it.

The boy writes.	הַיֶּלֶד כּוֹתֵב.
The boy does not write.	הַיֶּלֶד לֹא כּוֹתֵב.
Ruth studied.	רוּת לָמְדָה.
Ruth did not study.	רוּת לֹא לָמְדָה.

תַּרְגִּיל

Rewrite the sentences in the negative.

0 שָׂרָה יוֹשֶׁבֶת פֹּה.

שָׂרָה לֹא יוֹשֶׁבֶת פֹּה.

1 דָּן לוֹמֵד עִבְרִית.

_____

2 לֵאָה וְרִבְקָה הָלְכוּ אֶל הַבַּיִת.

_____

3 הִיא כָּתְבָה בַּסֵּפֶר.

_____

4 אֲנַחְנוּ יוֹשְׁבִים עַל־יַד הַלּוּחַ.

_____

5 הַיְלָדִים אָמְרוּ ״תּוֹדָה״.

_____

6 הֵם אָכְלוּ בַּסֻּכָּה.

_____

7 אֲנִי חוֹלֶה הַיּוֹם.

_____

8 הַמּוֹרֶה נָתַן סְפָרִים לַתַּלְמִידִים.

_____

The Conjunction AND - ו

דָּן וְדִינָה לוֹמְדִים

The conjunction *and* **connects two words of the same type** (noun + noun, verb + verb). It can also connect **two phrases** or **two sentences.**

In Hebrew, *and* is expressed by the letter *vav* — **ו.**

The ו never stands alone; it is attached to the beginning of the second word of the pair.

Dan and Ruth study.	דָּן וְרוּת לוֹמְדִים.
She and he studied.	הִיא וְהוּא לָמְדוּ.
They studied and wrote.	הֵם לָמְדוּ וְכָתְבוּ.

The most common form is **וְ.**

However, at times, **ו** may have a different vowel.

וּ — דָּוִד וּמשֶׁה.

וַ — וַאֲנִי

You will learn more about these and other changes as you continue your Hebrew studies.

וְ וַ וּ
רינה 3/3

תַּרְגִּיל

Write the conjunction וְ where it belongs in each sentence.

0 אַבְרָהָם |יִצְחָק הָלְכוּ לְאֶרֶץ יִשְׂרָאֵל.

1 דָּן דָּוִד הָלְכוּ הַבַּיְתָה.

2 הַיֶּלֶד הַיַּלְדָּה עוֹמְדִים בַּחֶדֶר.

3 שָׂרָה יָשְׁבָה לָמְדָה.

4 פְּנִינָה הָלְכָה הָלְכָה.

5 הַמּוֹרֶה הַתַּלְמִידִים מְדַבְּרִים עִבְרִית.

6 אֲנִי יוֹשֶׁבֶת בַּסֻּכָּה הִיא יוֹשֶׁבֶת בַּבַּיִת.

7 הַמּוֹרֶה כּוֹתֵב עַל הַלּוּחַ הַתַּלְמִיד כּוֹתֵב בַּמַּחְבֶּרֶת.

8 דִּינָה בָּאָה אֶל הַחֶדֶר אָמְרָה "שָׁלוֹם".

9 הַמֶּלֶךְ הָיָה חָכָם טוֹב.

10 הוּא לָקַח טַלִּית סִדּוּר הָלַךְ לְבֵית-הַכְּנֶסֶת.

תַּרְגִּילִים לַחֲזָרָה

A. Put a check next to the masculine nouns.

0 תַּלְמִיד √

1 דּוֹדִים

2 כִּסֵּא

3 מַחְבֶּרֶת

4 מְנוֹרָה

5 עִפָּרוֹן

6 שִׁעוּרִים

7 תַּלְמִידוֹת

8 מְזוּזָה

9 חָבֵר

10 כֶּלֶב

11 מַלְכָּה

12 מוֹרִים

13 אִמָּא

14 לוּחַ

15 חַגִּים

B. Write in the singular.

0 חַגִּים ______ חַג

1 תַּלְמִידִים ______

2 כִּתּוֹת ______

3 שִׁעוּרִים ______

4 סִדּוּרִים ______

5 תַּלְמִידוֹת ______

6 סִפּוּרִים ______

7 שְׁאֵלוֹת ______

8 כַּפּוֹת ______

C. Write the correct verb form in the present tense.

0 עַכְשָׁו הוּא כתב√ __כּוֹתֵב__ סִפּוּר.

1 הַיֶּלֶד למד√ ________ עִבְרִית.

2 הַיּוֹם שָׂרָה ישב√ ________ פֹּה.

3 הַיְלָדִים לקח√ ________ סְפָרִים אֶל בֵּית-הַסֵּפֶר.

4 עַכְשָׁו אֲנִי כתב√ ________ עַל הַלּוּחַ.

5 רוּתִי הלך√ ________ אֶל הַכִּתָּה.

6 רְאוּבֵן וְשִׁמְעוֹן לֹא קרא√ ________ בְּשֶׁקֶט.

7 אַתְּ שאל√ ________ שְׁאֵלָה טוֹבָה.

8 הַיּוֹם הַכֶּלֶב עמד√ ________ לִפְנֵי הַבַּיִת.

9 הַמּוֹרָה נתן√ ________ גִּיר לַיֶּלֶד.

10 רָחֵל וְלֵאָה אמר√ ________ ״שָׁלוֹם״ לַמּוֹרָה.

The Dead Sea Scrolls found in the Qumran caves of the Judean desert include the oldest manuscripts of biblical books.

D. Rewrite these sentences. Make all the necessary changes to agree with the new subject.

0 הוּא עוֹמֵד פֹּה.

הֵם עוֹמְדִים פֹּה. ______

1 דָּן לוֹקֵחַ כִּפָּה וְהוֹלֵךְ לְבֵית-הַכְּנֶסֶת.

הֵם ______

2 הַתַּלְמִיד קוֹרֵא בְּשֶׁקֶט.

הַתַּלְמִידִים ______

3 הַמּוֹרָה נוֹתֶנֶת סְפָרִים הַיּוֹם.

הַמּוֹרוֹת ______

4 הַבֵּן יוֹשֵׁב בַּסֻּכָּה עַכְשָׁו.

לֵאָה וְרָחֵל ______

5 דִּינָה שׁוֹאֶלֶת הַרְבֵּה שְׁאֵלוֹת.

שָׂרָה לֹא ______

E. Make these sentences definite by adding הַ where necessary.

0 הַכֶּלֶב יוֹשֵׁב פֹּה.
1 תַּלְמִידִים הוֹלְכִים אֶל בֵּית-הַסֵּפֶר.
2 מִשְׁפָּחָה יוֹשֶׁבֶת בַּסֻּכָּה.
3 הֵן יוֹשְׁבוֹת בַּחֶדֶר.
4 מוֹרֶה לֹא הָיָה בַּכִּתָּה.
5 יֶלֶד יוֹשֵׁב עַל-יַד דֶּלֶת.

סִפּוּר קָטָן

הַתַּלְמִידִים יָשְׁבוּ בַּכִּתָּה.
הַמּוֹרֶה שָׁאַל: "מִי לֹא פֹּה הַיּוֹם?"
הַתַּלְמִידִים אָמְרוּ: "כָּל אֶחָד פֹּה הַיּוֹם."
הַמּוֹרֶה עָמַד לִפְנֵי הַכִּתָּה וְקָרָא.[1]
הוּא גַּם כָּתַב מִלִּים[1] חֲדָשׁוֹת עַל הַלּוּחַ.
הַתַּלְמִידִים כָּתְבוּ בַּמַּחְבָּרוֹת.

[1] read
[1] words

מֹשֶׁה לָקַח עֵט[1] וְכָתַב.
שָׂרָה לָקְחָה עִפָּרוֹן וְכָתְבָה.
אֲרִיאֵל לֹא כָּתַב.

[1] pen

הַמּוֹרֶה שָׁאַל: "אֲרִיאֵל, מַדּוּעַ אַתָּה לֹא כּוֹתֵב?"
אֲרִיאֵל אָמַר: "אֲנִי לֹא כּוֹתֵב כִּי הַמַּחְבֶּרֶת
שֶׁלִּי, הָעֵט שֶׁלִּי, וְהָעִפָּרוֹן שֶׁלִּי בַּבַּיִת."
הַמּוֹרֶה אָמַר: "הִנֵּה מַחְבֶּרֶת וְעִפָּרוֹן."
אֲרִיאֵל אָמַר: "תּוֹדָה, עַכְשָׁו גַּם אֲנִי כּוֹתֵב
עִם כָּל הַתַּלְמִידִים."

מִלּוֹן

קָרָא — קרא√	he read
מִלָּה, מִלִּים	word, words (f.)
עֵט	pen

The "Thanksgiving Scroll" found at Qumran. Note how the letters hang from the line, with the *lamed* rising above it.

3 יְחִידָה

גֶּשֶׁם[1] שֶׁל בְּרָכָה

לֹא יָרַד[1] גֶּשֶׁם. הָאֲנָשִׁים[2] הָלְכוּ לְחוֹנִי הֶחָכָם. ״רַבִּי,״ הֵם אָמְרוּ, ״אֵין גֶּשֶׁם! אֵין מַיִם! אֵין בְּרָכָה! תֵּן[1] גֶּשֶׁם!״

״טוֹב,״ אָמַר חוֹנִי. ״זֹאת הַתְּפִלָּה שֶׁלִּי: אֱלֹהִים, הָאֲנָשִׁים רוֹצִים[1] גֶּשֶׁם. אֲנִי עוֹשֶׂה[2] מַעְגָּל[1] עַל הָאָרֶץ[2]. אֲנִי עוֹמֵד בַּמַּעְגָּל. אִם[1] אֵין גֶּשֶׁם, אֲנִי לֹא הוֹלֵךְ מִפֹּה[2].״

הַגֶּשֶׁם יָרַד, אֲבָל רַק[1] מְעַט[2] גֶּשֶׁם. הָאֲנָשִׁים בָּאוּ לַמַּעְגָּל וְאָמְרוּ: ״אֲנַחְנוּ לֹא רוֹצִים מְעַט גֶּשֶׁם. אֲנַחְנוּ צְרִיכִים[1] עוֹד[2] גֶּשֶׁם.״

חוֹנִי עָמַד בַּמַּעְגָּל וְאָמַר: ״אֱלֹהִים, יָרַד מְעַט גֶּשֶׁם, אֲבָל אֲנִי רוֹצֶה עוֹד. אִם אֵין הַרְבֵּה[1] גֶּשֶׁם, אֲנִי לֹא הוֹלֵךְ מִפֹּה.״

הַגֶּשֶׁם יָרַד, הַגֶּשֶׁם יָרַד יוֹם וָלַיְלָה[1]. מַיִם בְּכָל מָקוֹם[1]: בָּרְחוֹב[2], בַּבַּיִת, בְּבֵית הַסֵּפֶר, בְּבֵית הַכְּנֶסֶת. הָאֲנָשִׁים צָעֲקוּ: ״מַסְפִּיק[1]! מַסְפִּיק!״ יֵשׁ הַרְבֵּה גֶּשֶׁם, אֲבָל גַּם זֶה לֹא טוֹב!

חוֹנִי עָמַד בַּמַּעְגָּל וְאָמַר: ״אֱלֹהִים! יֵשׁ הַרְבֵּה גֶּשֶׁם, וְזֶה לֹא טוֹב. תֵּן גֶּשֶׁם שֶׁל בְּרָכָה.״

יָרַד גֶּשֶׁם שֶׁל בְּרָכָה עַל הָאָרֶץ. הָאֲנָשִׁים שָׂמְחוּ וְאָמְרוּ: ״בָּרוּךְ אֱלֹהִים, זֶה גֶּשֶׁם שֶׁל בְּרָכָה.״ וְהָאֲנָשִׁים קָרְאוּ[1] לְחוֹנִי, ״חוֹנִי הַמְּעַגֵּל[2].״

[1] rain
[1] came down [2] people
[1] give!
[1] want [2] make
[1] circle [2] ground
[1] if [2] from here
[1] only [2] little bit
[1] need [2] more
[1] much
[1] night
[1] everywhere [2] street
[1] enough
[1] called [2] circle-maker

מִלּוֹן

rain	גֶּשֶׁם
(it) came down	יָרַד
men, people	אֲנָשִׁים
give! (imperative)	תֵּן — נתן√
we, you, they want (m.)	רוֹצִים — רצה√
I, you, he make(s), do(es)	עוֹשֶׂה — עשה√
ground, earth	אֶרֶץ (f.)
if	אִם
only	רַק
a little	מְעַט
we, you, they need	צְרִיכִים — צרך√
more	עוֹד
much, many	הַרְבֵּה
from	מִ...
night	לַיְלָה (m.)
everywhere	בְּכָל מָקוֹם
place	מָקוֹם
street	רְחוֹב

תַּרְגִּילִים

A. Circle the answer that best completes the sentence.

0 חוֹנִי הָיָה

א. (אִישׁ.)
ב. יֶלֶד.
ג. כֶּלֶב.

1 הָאֲנָשִׁים רוֹצִים

א. רַב.
ב. תְּפִלָּה.
ג. גֶּשֶׁם.
ד. מַעְגָּל.

2 גֶּשֶׁם יָרַד יוֹם וָלַיְלָה, וְהַמַּיִם

א. הָיוּ מְעַטִּים.
ב. הָיוּ טוֹבִים.
ג. הָיוּ בְּכָל מָקוֹם.
ד. הָיוּ בְּרָכָה.

3 חוֹנִי הָלַךְ מִן הַמַּעְגָּל רַק כַּאֲשֶׁר (when)

א. יָרַד הַרְבֵּה גֶּשֶׁם.
ב. יָרַד גֶּשֶׁם שֶׁל בְּרָכָה.
ג. הָיוּ מַיִם בְּבֵית הַסֵּפֶר.
ד. יָרַד מְעַט גֶּשֶׁם.

4 "גֶּשֶׁם שֶׁל בְּרָכָה" הוּא

א. מְעַט גֶּשֶׁם.
ב. הַרְבֵּה גֶּשֶׁם.
ג. רַע לָאֲנָשִׁים.
ד. טוֹב לָאֲנָשִׁים.

5 הָאֲנָשִׁים קָרְאוּ לְחוֹנִי "הַמְעַגֵּל" כִּי חוֹנִי

א. עָמַד בְּמַעְגָּל.
ב. אִישׁ חָכָם.
ג. צָעַק, "מַסְפִּיק!"
ד. רָצָה גֶּשֶׁם.

B. Answer in a short Hebrew sentence.

0 מִי רוֹצֶה מַיִם? הָאֲנָשִׁים רוֹצִים מַיִם.

1 מִי הָלַךְ אֶל חוֹנִי? ______

2 מִי אָמַר תְּפִלָּה? ______

3 מַה יָּרַד עַל הָאָרֶץ? ______

4 מִי עָמַד בַּמַּעְגָּל? ______

5 מִי נָתַן גֶּשֶׁם שֶׁל בְּרָכָה? ______

C. Choose one of the words below to complete each sentence.

עוֹשֶׂה / יוֹרֵד / הָאֲנָשִׁים / הַבְּרָכָה / רְחוֹב / מָקוֹם

0 הָאֲנָשִׁים עָמְדוּ בָּרְחוֹב.

1 הַיֶּלֶד אָמַר אֶת ______ "הַמּוֹצִיא לֶחֶם מִן הָאָרֶץ."

2 מְעַט גֶּשֶׁם ______ בְּקָלִיפוֹרְנְיָה.

3 מָה אַתָּה ______ עַכְשָׁו?

4 ______ בָּאוּ אֶל חוֹנִי הֶחָכָם.

5 בְּכָל ______ יֵשׁ לִי חֲבֵרִים טוֹבִים.

Verb Sentences and Noun Sentences

Jack writes.	יַעֲקֹב כּוֹתֵב.
s v	s v
Ruth said "hello".	רוּת אָמְרָה "שָׁלוֹם".
s v	s v

We have learned that both English and Hebrew sentences normally have a subject (s) and a verb (v). **A sentence that has both a subject and a verb** is called a **verb sentence.**

Hebrew has **no present tense form of the verb *to be*** — הָיָה. This means that there is no Hebrew word for *am, is* or *are.*

Ruth (is) a student.	רוּת תַּלְמִידָה.
They (are) teachers.	הֵם מוֹרִים.
The notebook (is) on the table.	הַמַּחְבֶּרֶת עַל הַשֻּׁלְחָן.

The Hebrew sentences above have **no verb** — only nouns or pronouns. Therefore, we call them **noun sentences.** The verb *to be* is understood from the context of the sentence.

Moshe (is) a teacher.	מֹשֶׁה מוֹרֶה.
n v n	n n
We (are) students.	אֲנַחְנוּ תַּלְמִידִים.
n v n	n n
The book (is) on the table.	הַסֵּפֶר עַל הַשֻּׁלְחָן.
n v n	n n

Moshe (is) not a student.	מֹשֶׁה לֹא תַּלְמִיד.
We (are) not teachers.	אֲנַחְנוּ לֹא מוֹרִים.
The book (is) not on the table.	הַסֵּפֶר לֹא עַל הַשֻּׁלְחָן.

In a noun sentence, the negative follows the subject.

תַּרְגִּילִים

A. Find five sentences in the story that have subjects and verbs. Write them below. Underline the subject and circle the verb.

0 הָאֲנָשִׁים רוֹצִים גֶּשֶׁם. ____________________

1 ____________________

2 ____________________

3 ____________________

4 ____________________

5 ____________________

These ancient terraces were built on the slopes near Jerusalem to conserve rainfall and prevent soil erosion.

B. Read the following paragraph. Decide whether each sentence is a verb sentence or a noun sentence. Then write each sentence in the correct column.

יְלָדִים בָּאִים לְבֵית הַסֵּפֶר. דָּוִד תַּלְמִיד. רִבְקָה תַּלְמִידָה. הַמּוֹרָה אוֹמֶרֶת "שָׁלוֹם". הֵם יוֹשְׁבִים בְּחֶדֶר גָּדוֹל. הַכֶּלֶב לֹא בַּחֶדֶר. הַסְּפָרִים עַל הַשֻּׁלְחָן. הֵם קוֹרְאִים. הֵם כּוֹתְבִים. הֵם תַּלְמִידִים טוֹבִים.

Verb Sentences	Noun Sentences
יְלָדִים בָּאִים לְבֵית־הַסֵּפֶר.	דָּוִד תַּלְמִיד.

About 2200 years ago, the Nabateans built walls around their fields to conserve runoff water from winter rains, and grew crops in the Negev wasteland.

Demonstrative Pronouns

this (m.)	זֶה
this (f.)	זֹאת
these (m. or f. pl.)	אֵלֶה

The words *this* — זֶה, זֹאת and *these* — אֵלֶה are called **demonstratives** because they **point to** (demonstrate) **specific people or things.**

In both English and Hebrew, the words *this* — זֶה, זֹאת and *these* — אֵלֶה can be used in two ways:

1. as **adjectives** (we'll learn about this in Unit 5),
2. as **pronouns** — in place of a noun.

When a demonstrative word is used as a pronoun it is usually in a noun sentence, and the verb *to be* is understood.

This (is) a dog.	זֶה כֶּלֶב.
dem pron / **v** / **n**	**dem pron** / **n**
This (is) a pupil.	זֶה תַּלְמִיד.
This (is) a pupil.	זֹאת תַּלְמִידָה.
This (is) Reuben.	זֶה רְאוּבֵן.
This (is) Miriam.	זֹאת מִרְיָם.
These (are) books.	אֵלֶה סְפָרִים.
These (are) classes.	אֵלֶה כִּתּוֹת.

תַּרְגִּילִים

A. Fill in the blank with זֶה, זֹאת or אֵלֶּה.

0 ___זֶה___ דָּוִד.

1 ______ לֹא מַעְגָּל.

2 ______ יַעֲקֹב.

3 ______ לֹא הַמּוֹרֶה שֶׁלִּי.

4 ______ אַבָּא וְאִמָּא.

5 ______ רְחוֹב.

6 ______ רַבִּי.

7 ______ אֲנָשִׁים שְׂמֵחִים.

8 ______ גֶּשֶׁם שֶׁל בְּרָכָה.

9 ______ לֹא נֵרוֹת חֲנֻכָּה.

10 ______ תְּפִלָּה.

Jericho, believed to be the oldest city in the world, was built about 8,000 B.C.E. at a desert oasis.

B.   Write nine correct sentences using one word from each group.

א	ב	
זֶה	מָקוֹם	תְּפִלָּה
אֵלֶּה	בַּבַּיִת	הוֹלֵךְ
זֹאת	חוֹנִי	אֶסְתֵּר
הוּא	עוֹמְדִים פֹּה	בְּרָכָה
	סֵפֶר	אֲנָשִׁים טוֹבִים

0 _____ זֶה סֵפֶר.

1 _____

2 _____

3 _____

4 _____

5 _____

6 _____

7 _____

8 _____

9 _____

_____

יֵשׁ / אֵין

there is	יֵשׁ	there isn't	אֵין
there are		there aren't	

In Hebrew, when we want to say *there is* or *there are*, we place the word יֵשׁ before the noun which is the subject of the sentence.

There is a book.   יֵשׁ סֵפֶר.
    s   s

There are books.   יֵשׁ סְפָרִים.
    s   s

To say *there is no* or *there are no*, we place the word אֵין before the noun which is the subject.

There is no book.   אֵין סֵפֶר.
    s   s

There are no books.   אֵין סְפָרִים.
    s   s

Here are some longer sentences using יֵשׁ and אֵין.

There is a book on the table.   יֵשׁ סֵפֶר עַל הַשֻּׁלְחָן.
There are no books in the room.   אֵין סְפָרִים בַּחֶדֶר.

Ancient (10,000 – 7,500 B.C.E.) agricultural implements.

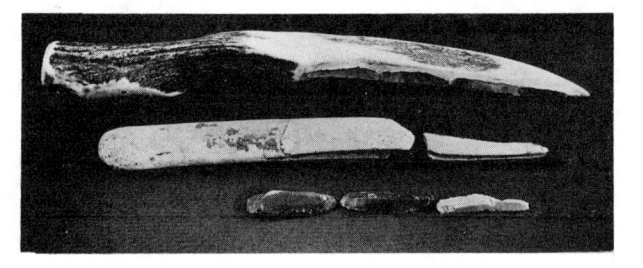

תַּרְגִּילִים

A. Complete each sentence by adding either יֵשׁ or אֵין, so that it makes a correct statement about the picture.

0 אֵין עֵץ.

1 ________ שֻׁלְחָן.

2 ________ חַלּוֹן.

3 ________ גֶּשֶׁם.

4 ________ בַּיִת.

5 ________ אֲנָשִׁים.

6 ________ מַעְגָּל.

7 ________ יֶלֶד.

8 ________ כִּסֵּא.

9 ________ מוֹרֶה.

10 ________ רְחוֹב.

B. Make up true statements using as many of these words as you can.

מוֹרֶה / סְפָרִים / רַעַשׁ / מַחְבֶּרֶת / כֶּלֶב / כִּסֵּא / יַלְדָּה
תַּלְמִידִים / מוֹרָה / גֶּשֶׁם

0 בַּכִּתָּה יֵשׁ מוֹרֶה, סְפָרִים, כִּסֵּא וְתַלְמִידִים.

1 בְּבֵית-הַסֵּפֶר יֵשׁ ______

2 בַּחֶדֶר שֶׁלִּי אֵין ______

3 בָּרְחוֹב יֵשׁ ______

4 בַּבַּיִת שֶׁלִּי יֵשׁ ______

5 בַּכִּתָּה שֶׁלִּי אֵין ______

Present Tense of Verbs Ending in ה

Some of the most common and important verbs in Hebrew have a ה as the third letter of the שֹׁרֶשׁ.

		answer	עָנָה
do	עָשָׂה	buy	קָנָה
go up	עָלָה	cry	בָּכָה
drink	שָׁתָה	see	רָאָה
want	רָצָה	build	בָּנָה

The final ה tells you that the vowel pattern of these verbs differs from the regular pattern.

Present Tense

	Third Root Letter ה √קנה	Regular √סגר
m.s.	קוֹנֶה	סוֹגֵר
f.s.	קוֹנָה	סוֹגֶרֶת
m.pl.	קוֹנִים	סוֹגְרִים
f. pl.	קוֹנוֹת	סוֹגְרוֹת

תַּרְגִּילִים

A. Fill in the blanks in the verb chart.

	√רצה	√ראה	√שתה	√עשה
אֲנִי, אַתָּה, הוּא	רוֹצֶה			
אֲנִי, אַתְּ, הִיא	רוֹצָה			
אֲנַחְנוּ, אַתֶּם, הֵם	רוֹצִים			
אֲנַחְנוּ, אַתֶּן, הֵן	רוֹצוֹת			

B. Next to each verb in group ב, write a correct subject chosen from group א.

ב		א
עוֹשֶׂה	הוּא	אַתְּ
רוֹאִים		אֲבִיבָה וּמשֶׁה
קוֹנָה		הַתַּלְמִיד
עוֹלוֹת		אֲנַחְנוּ
שׁוֹתָה		הָאֵם
רוֹצִים		אַתָּה
עוֹשׂוֹת		אֲנָשִׁים
בּוֹכֶה		הֵן
רוֹאֶה		הַיְלָדוֹת
עוֹנִים		הוּא

C. Fill each blank with the correct form of the verb. Be guided by the first part of the sentence.

0 רָחֵל רוֹצָה וְאַבְרָהָם רוֹצֶה _____.

1 הוּא שׁוֹתֶה וְהִיא _____.

2 הֵם עוֹלִים וְהֵן _____.

3 הוּא בּוֹנֶה וְהֵם _____.

4 אַתְּ בּוֹכָה וְהֵן _____.

5 אַתֶּם קוֹנִים מַחְבֶּרֶת, וַאֲנַחְנוּ _____ עִפָּרוֹן.

6 הַיֶּלֶד רוֹאֶה כֶּלֶב, אֲבָל הַיַּלְדָּה לֹא _____ כֶּלֶב.

7 הַמּוֹרִים עוֹנִים, וְהַמּוֹרוֹת לֹא _____.

8 אֲנִי רוֹצָה מַיִם, וְאַתָּה _____ קוֹקָה-קוֹלָה.

"Mother goddess" made of pottery, used in the fertility cult.

D. Fill in the correct form of the שֹׁרֶשׁ.

0 דָּנִי ראה√ ___רוֹאֶה___ אֶת הַכֶּלֶב.

1 הַמִּשְׁפָּחָה בנה√ ______ בַּיִת בְּיִשְׂרָאֵל.

2 מַדּוּעַ אַתֶּם לֹא שתה√ ______ אֶת הַיַּיִן?

3 מָה אַתֶּם עשׂה√ ______ הַיּוֹם?

4 שְׁמוּאֵל ענה√ ______ בְּעִבְרִית טוֹבָה.

5 הָאֵם קנה√ ______ לֶחֶם.

6 יֵשׁ גֶּשֶׁם הַיּוֹם, וַאֲנַחְנוּ לֹא ראה√ ______ אֶת הַשֶּׁמֶשׁ.

7 יְלָדִים קְטַנִּים בכה√ ______ הַרְבֵּה.

8 חוֹנִי הַמְּעַגֵּל עשׂה√ ______ דָּבָר טוֹב.

9 שָׂרָה וְרָחֵל רצה√ ______ סְפָרִים חֲדָשִׁים.

10 הַמּוֹרָה שׁוֹאֶלֶת, וְהַתַּלְמִידִים ענה√ ______.

[1] the weather	מֶזֶג הָאֲוִיר[1]
[1] spring	אָבִיב[1]
[1] pleasant	בָּאָבִיב נָעִים[1] מְאֹד.
[1] hot [2] cold	לֹא חַם[1] וְלֹא קַר[2],
[1] outside	יָפֶה בַּחוּץ[1].
[1] sun [2] sky	הַשֶּׁמֶשׁ[1] בַּשָּׁמַיִם[2].
[1] summer	קַיִץ[1]
	בַּקַּיִץ חַם.
[1] high	הַטֶּמְפֶּרָטוּרָה גְּבוֹהָה[1].
[1] sometimes	בְּיִשְׂרָאֵל, לִפְעָמִים[1] יֵשׁ
[1] wind [2] desert	רוּחַ[1] חַמָּה מִן הַמִּדְבָּר[2].
	קוֹרְאִים לָרוּחַ "חַמְסִין".
[1] autumn	סְתָו[1]
[1] cool	בַּסְּתָו קָרִיר[1].
	לִפְעָמִים יֵשׁ הַרְבֵּה רוּחַ.
	גֶּשֶׁם יוֹרֵד
[1] clouds	וַעֲנָנִים[1] בַּשָּׁמַיִם.
[1] winter	חֹרֶף[1]
	בַּחֹרֶף קַר.
	יוֹרֵד הַרְבֵּה גֶּשֶׁם.
[1] snow	יוֹרֵד גַּם שֶׁלֶג[1].
	אֵין הַרְבֵּה שֶׁמֶשׁ.

מִלּוֹן

pleasant	נָעִים	
hot	חַם	
cold	קַר	
cool	קָרִיר	
outside	בַּחוּץ	
sky	שָׁמַיִם	
sun	שֶׁמֶשׁ	
moon	יָרֵחַ	
stars	כּוֹכָב, כּוֹכָבִים	
clouds	עָנָן, עֲנָנִים	
wind	רוּחַ	
snow	שֶׁלֶג	
season	עוֹנָה	
seasons of the year	עוֹנוֹת הַשָּׁנָה	
spring	אָבִיב	
summer	קַיִץ	
autumn	סְתָו	
winter	חֹרֶף	

Jaffa Gate and David's Citadel, in unusual weather for Jerusalem.

לְהִתְרָאוֹת[1] מָחָר

[1] I'll be seeing you!

יוֹם אֶחָד רָן מְטַלְפֵּן[1] לְדִינָה.

[1] telephones

דִינָה: הַלוֹ!

רָן: הַלוֹ, דִינָה. זֶה הֶחָבֵר שֶׁלָּךְ[1] רָן.
מַה שְׁלוֹמֵךְ[1]?

[1] your (f.)
[1] how are you (f.)

דִינָה: בְּסֵדֶר. וּמַה שְׁלוֹמְךָ[1]?   5

[1] how are you (m.)

רָן: בְּסֵדֶר. מָה אַתְּ עוֹשָׂה הַיּוֹם?

דִינָה: הַיּוֹם קַר מְאֹד. בַּחוּץ יוֹרֵד גֶּשֶׁם. אֲנִי
יוֹשֶׁבֶת בַּבַּיִת כִּי חַם וְיָפֶה פֹּה.

רָן: כֵּן, קַר מְאֹד. יֵשׁ רוּחַ. בֶּהָרִים[1] יָרַד שֶׁלֶג.

[1] mountains

דִינָה: אֲנִי לֹא אוֹהֶבֶת[1] גֶּשֶׁם וְרוּחַ. אֲנִי אוֹהֶבֶת קַיִץ.   10
בַּקַּיִץ יֵשׁ שֶׁמֶשׁ, חַם בַּחוּץ, וַאֲנַחְנוּ נוֹסְעִים[1]
אֶל הַיָּם[1].

[1] like
[1] travel
[1] sea

רָן: דִינָה, מָחָר הַמִּשְׁפָּחָה שֶׁלִּי נוֹסַעַת לֶהָרִים לִרְאוֹת[1]
אֶת הַשֶּׁלֶג. אַתְּ רוֹצָה לָלֶכֶת[1]? אֲנַחְנוּ עוֹשִׂים
אִישׁ מִשֶּׁלֶג.   15

[1] to see
[1] to go

דִינָה: כֵּן, אֲנִי רוֹצָה לִנְסֹעַ[1] עִם הַמִּשְׁפָּחָה שֶׁלְּךָ.

[1] to travel

רָן: טוֹב מְאֹד. אֲנַחְנוּ נוֹסְעִים בַּבֹּקֶר.
לְהִתְרָאוֹת מָחָר בַּבֹּקֶר.

דִינָה: תּוֹדָה, רָן. שָׁלוֹם וּלְהִתְרָאוֹת.

מִלּוֹן

how are you (m.)	מַה שְׁלוֹמְךָ
how are you (f.)	מַה שְׁלוֹמֵךְ
mountains	הַר, הָרִים
sea	יָם
I, you, he, she like(s), love(s)	אוֹהֵב, אוֹהֶבֶת — אהב√
to see	לִרְאוֹת — ראה√
to go	לָלֶכֶת — הלך√
we, you, they travel	נוֹסְעִים — נסע√
to travel	לִנְסֹעַ
I'll be seeing you!	לְהִתְרָאוֹת — ראה√

תַּרְגִּילִים

A. Be prepared to give oral answers to the following questions, about *each* picture.

1 הַאִם[1] חַם אוֹ קַר?

2 הַאִם גֶּשֶׁם יוֹרֵד? שֶׁלֶג?

3 הַאִם יֵשׁ שֶׁמֶשׁ בַּשָּׁמַיִם?

4 הַאִם מֶזֶג הָאֲוִיר נָעִים?

5 מַה הִיא הָעוֹנָה שֶׁל הַשָּׁנָה?

[1] הַאִם cannot be translated into English; it takes the place of verbs *does, is,* and *are* in English questions.

B. List all the words that describe the weather at each time of the year.
Some words will be appropriate for more than one season.

נָעִים / עֲנָנִים / שֶׁלֶג / גֶּשֶׁם / שֶׁמֶשׁ / רוּחַ / קָרִיר / קַר
חַם / חַמְסִין

חֹרֶף	סְתָו	קַיִץ	אָבִיב
_____	_____	_____	_____
_____	_____	_____	_____
_____	_____	_____	_____
_____	_____	_____	_____

תַּרְגִּילִים לַחֲזָרָה

A. Fill in the present tense of the verb, using the given שֹׁרֶשׁ.

0 הַתַּלְמִיד אמר√ ___אוֹמֵר___ : "שָׁלוֹם."

1 אַתָּה עמד√ _____ בַּמַּעְגָּל.

2 גֶּשֶׁם ירד√ _____ כָּל הַיּוֹם וְכָל הַלַּיְלָה.

3 אֶסְתֵּר נתן√ _____ סֵפֶר לְדָוִד.

4 אֶסְתֵּר וְדָוִד הלך√ _____ לְבֵית-הַכְּנֶסֶת.

5 אִמָּא אמר√ _____ : "יֵשׁ מַיִם בַּבַּיִת."

B. Fill in the past tense of the verb, using the given שֹׁרֶשׁ.

0 הַתַּלְמִיד אמר√ ___אָמַר___ : "שָׁלוֹם!"

1 מִי נתן√ _____ גֶּשֶׁם שֶׁל בְּרָכָה?

2 חוֹנִי לֹא הלך√ _____ מִן הַמַּעְגָּל.

3 הָאֲנָשִׁים ירד√ _____ אֶל הָרְחוֹב.

4 הוּא קרא√ _____ סִפּוּר.

5 שָׂרָה כתב√ _____ סִפּוּר עַל הַגֶּשֶׁם.

C. Add one or more words to make a complete sentence.

0 הַיֶּלֶד קוֹרֵא סֵפֶר. ______

1 חוֹנִי הַמְּעַגֵּל ______

2 אֲנִי רוֹצֶה ______

3 הָאֲנָשִׁים ______

4 אֵין ______

5 יֵשׁ ______

6 זֶה ______

D. Write all the pronouns that agree with each verb.

אֲנִי / אַתָּה / אַתְּ / הוּא / הִיא / אֲנַחְנוּ / אַתֶּם / אַתֶּן
הֵם / הֵן

0 אֲנִי, אַתָּה, הוּא לוֹמֵד

1 ______ הוֹלֶכֶת

2 ______ הוֹלְכִים

3 ______ נָתַן

4 ______ עוֹמְדוֹת

5 ______ לוֹקְחוֹת

6 ______ יָרְדָה

7 ______ קוֹרְאִים

8 ______ כּוֹתֵב

9 ______ אוֹמֶרֶת

10 ______ צוֹעֵק

These unusual finds from the period of the Bar Kochba revolt were preserved because of the extremely dry air in the Judean desert.

4 יְחִידָה

אַלְבֶּרְט

אִישׁ אֶחָד הוֹלֵךְ בַּסּוּפֶּרְמַרְקֶט עִם הַיֶּלֶד שֶׁלּוֹ[1]. הַיֶּלֶד קָטָן. הַיֶּלֶד יוֹשֵׁב בַּעֲגָלָה[1]. הוּא בּוֹכֶה וְצוֹעֵק. הוּא זוֹרֵק[1] אֹכֶל[2]. הַיֶּלֶד בּוֹכֶה וְזוֹרֵק חָלָב[1] וְלֶחֶם[2].

[1] his
[1] cart
[1] throws [2] food
[1] milk [2] bread

הָאָב[1] אוֹמֵר בְּקוֹל[2] יָפֶה וְשָׁקֵט: "שֶׁקֶט, אַלְבֶּרְט. אֲנִי יוֹדֵעַ. אַתָּה לֹא רוֹצֶה לִהְיוֹת[1] בַּחֲנוּת[2]. אֲנִי מֵבִין[1]. אַתָּה רוֹצֶה לִהְיוֹת בַּבַּיִת. עוֹד מְעַט[2] אֲנַחְנוּ גּוֹמְרִים[1]. עוֹד מְעַט אֲנַחְנוּ עוֹזְבִים[2]. עוֹד מְעַט אֲנַחְנוּ חוֹזְרִים[1] הַבַּיְתָה. שֶׁקֶט, אַלְבֶּרְט, שֶׁקֶט." אֲבָל הַיֶּלֶד בּוֹכֶה, צוֹעֵק, וְזוֹרֵק דְּבָרִים[1].

[1] father [2] voice
[1] to be [2] store
[1] understand [2] soon
[1] finish [2] leave
[1] return
[1] things

אִשָּׁה אַחַת שׁוֹמַעַת וְחוֹשֶׁבֶת: "מַה זֶּה? יֶלֶד בּוֹכֶה וְצוֹעֵק, וְהָאָב לֹא מַכֶּה[1] אֶת הַיֶּלֶד! הָאָב לֹא כּוֹעֵס[2]. הָאָב לֹא צוֹעֵק. אֲנִי רוֹצָה לְדַבֵּר[1] עִם הָאָב."

[1] hits [2] is angry
[1] to speak

הָאִשָּׁה הוֹלֶכֶת לָאָב וְאוֹמֶרֶת: "אַתָּה אַבָּא טוֹב. אַתָּה אַבָּא חָכָם. אַתָּה מֵבִין פְּסִיכוֹלוֹגְיָה[1] שֶׁל יְלָדִים. אַתָּה לֹא צוֹעֵק. אַתָּה לֹא כּוֹעֵס. אַתָּה לֹא מְדַבֵּר בְּקוֹל[1]. אַתָּה מְדַבֵּר בְּשֶׁקֶט. אַתָּה אַבָּא טוֹב. אַלְבֶּרְט יֶלֶד מְאֻשָּׁר[1]."

[1] psychology
[1] loudly
[1] fortunate

הָאָב עוֹנֶה: "סְלִיחָה[1], אַתְּ לֹא מְבִינָה! אֲנִי אַלְבֶּרְט!"

[1] excuse me

מִלּוֹן

his	שֶׁלּוֹ
I, you, he throw(s)	זוֹרֵק — זרק√
food	אֹכֶל
milk	חָלָב
bread	לֶחֶם
father	אָב
mother	אֵם
voice	קוֹל
loudly	בְּקוֹל
I, you, he understand(s)	מֵבִין — בין√
to be	לִהְיוֹת — היה√
store	חֲנוּת
we, you, they finish	גּוֹמְרִים — גמר√
we, you, they return	חוֹזְרִים — חזר√
thing, things	דָּבָר, דְּבָרִים
I am, you are, he is angry	כּוֹעֵס — כעס√
to speak	לְדַבֵּר — דבר√
excuse me, pardon me	סְלִיחָה

תַּרְגִּילִים

A. Circle the word which best completes the sentence, according to the story.

0 אִישׁ הוֹלֵךְ לַסּוּפֶּרְמַרְקֶט עִם הַ (יֶלֶד) כֶּלֶב מֶלֶךְ שֶׁלּוֹ.

1 הַיֶּלֶד עוֹמֵד הוֹלֵךְ צוֹעֵק .

2 הָאָב מְדַבֵּר בְּקוֹל בְּשֶׁקֶט .

3 הַיֶּלֶד זוֹרֵק סֵפֶר כֶּסֶף לֶחֶם .

4 הָאִשָּׁה מְדַבֶּרֶת בּוֹכָה צוֹעֶקֶת .

5 "אַלְבֶּרְט" הַשֵּׁם שֶׁל הַיֶּלֶד הָאָב הָאִשָּׁה .

B. Write these sentences in Hebrew.

0 The little boy is throwing food.

הַיֶּלֶד הַקָּטָן זוֹרֵק אֹכֶל.

1 A man is walking with his child.

2 He is crying and shouting.

3 The father says in a nice and quiet voice, "Quiet, Albert."

4 The woman listens and says, "You are not angry."

5 The father answers, "Excuse me, you don't understand. I'm Albert!"

C. Circle the Hebrew words hidden in this puzzle vertically and horizontally. Then write each one next to its English meaning.

ט	ק	ר	מ	ר	פ	ו	ס
א	ם	כ	ח	ט	ע	מ	ל
כ	ם	ע	ה	כ	ו	ב	י
ל	ו	ק	ע	ו	צ	י	ח
א	ל	ד	ו	ע	ט	ו	ה
ה	ל	ב	א	ס	ר	ב	ל
מ	י	ר	ז	ו	ח	ל	ד
ה	ל	י	ה	ו	ל	ש	ב
א	ד	ם	ח	ל	ב	א	ר

to speak   לְדַבֵּר   his _____

with _____   voice _____

a little bit _____   more _____

cries _____   but (2 times) _____

wise _____   father (2 times) _____

food _____   bread _____

is angry _____   milk _____

understands _____   what _____

boy _____   supermarket _____

this _____   excuse me _____

shouts _____   no (2 times) _____

return _____   Leah _____

things _____

You are left with 5 letters that have not been circled. When they are put together they spell a name. What name do they spell?

_____

Remains of a Jerusalem home set afire during the destruction of the Second Temple.

Interrogatives

In Hebrew there are two ways to ask questions:

1. by adding a question word (interrogative) at the beginning of a sentence;

2. by raising your voice at the end of a sentence.

Dan is writing.	דָן כּוֹתֵב.
Is Dan writing?	דָן כּוֹתֵב?

A question word or **interrogative** is added as the first word of the sentence.

Who?	**מִי?**
Who is this (m.)?	מִי זֶה?
Who is in the house?	מִי בַּבַּיִת?
Who sits here?	מִי יוֹשֵׁב פֹּה?
Who sees a chair?	מִי רוֹאֶה כִּסֵּא?

Where?	**אֵיפֹה?**
Where is Miriam?	אֵיפֹה מִרְיָם?
Where is the dog?	אֵיפֹה הַכֶּלֶב?
Where do you sit?	אֵיפֹה אַתָּה יוֹשֵׁב?
Where is she?	אֵיפֹה הִיא?

What?	**מַה?**
What is this (f.)?	מַה זֹּאת?
What are you saying?	מָה אַתָּה אוֹמֵר?
What are you learning?	מָה אַתָּה לוֹמֵד?
What is on the table?	מָה עַל הַשֻּׁלְחָן?

When ? מָתַי ?

When is father home ?	מָתַי אַבָּא בַּבַּיִת?
When do you study ?	מָתַי אַתְּ לוֹמֶדֶת?
When do they go home ?	מָתַי הֵם הוֹלְכִים הַבַּיְתָה?
When are the students here ?	מָתַי הַתַּלְמִידִים פֹּה?

We can also ask a question in Hebrew by placing the interrogative word הַאִם at the beginning of the sentence.

הַאִם cannot be translated into English; it takes the place of verbs *does, is,* and *are* in English questions.

הַאִם

Does Dan write ?	הַאִם דָּן כּוֹתֵב?
Is Ruth a student ?	הַאִם רוּת תַּלְמִידָה?
Are they smart ?	הַאִם הֵם חֲכָמִים?

Notice: An interrogative word can introduce both a noun sentence and a verb sentence.

Cooking utensils of the Second Temple period, found in excavations of the Jewish Quarter within the walled city of Jerusalem.

תַּרְגִּילִים

A. Circle the correct answer to each question.

0 אֵיפֹה הָעִפָּרוֹן?
א. זֶה עִפָּרוֹן גָּדוֹל.
ב. זֶה הָעִפָּרוֹן שֶׁל דָּוִד.
(ג.) הָעִפָּרוֹן עַל הַשֻּׁלְחָן.

1 מִי אַתְּ?
א. אֲנִי בְּקָלִיפוֹרְנְיָה.
ב. אֲנִי רָחֵל.
ג. זֶה כִּסֵּא.

2 מָה אַתָּה לוֹמֵד?
א. אֲנִי לוֹמֵד בְּבֵית-הַסֵּפֶר.
ב. אֲנִי תַּלְמִיד.
ג. אֲנִי לוֹמֵד עִבְרִית.

3 אֵיפֹה הַמּוֹרֶה הַיּוֹם?
א. הַמּוֹרֶה צוֹעֵק.
ב. הַמּוֹרֶה בַּכִּתָּה.
ג. הַמּוֹרֶה עוֹנֶה.

4 הַאִם הַכִּפָּה עַל הַשֻּׁלְחָן?
א. כֵּן, הַכִּפָּה עַל הַשֻּׁלְחָן.
ב. כֵּן, הַכִּפָּה שֶׁל מֹשֶׁה.
ג. כֵּן, זֹאת כִּפָּה.

5 מִי בַּבַּיִת?
א. הַשֻּׁלְחָן בַּבַּיִת.
ב. זֶה בַּיִת חָדָשׁ.
ג. הָאָב וְהָאֵם בַּבַּיִת.

6 מָה אַתְּ כּוֹתֶבֶת?
א. אֲנִי כּוֹתֶבֶת בַּמַּחְבֶּרֶת.
ב. אֲנִי כּוֹתֶבֶת סִפּוּר.
ג. אֲנִי כּוֹתֶבֶת עַל הַלּוּחַ.

7 הַאִם הַיֶּלֶד זָרַק אֹכֶל?
א. כֵּן, הַיֶּלֶד בַּחֲנוּת.
ב. כֵּן, הַיֶּלֶד צָעַק וּבָכָה.
ג. כֵּן, הַיֶּלֶד זָרַק אֹכֶל.

8 מָתַי הֵם הָלְכוּ הַבַּיְתָה?
א. הֵם הָלְכוּ בָּעֶרֶב.
ב. הֵם הָלְכוּ לְבֵית הַכְּנֶסֶת.
ג. הַבַּיִת יָפֶה מְאֹד.

B. Can you turn these statements into questions? Practice reading them aloud after you write them as questions.

0 מֹשֶׁה לוֹמֵד עִבְרִית.　_הַאִם מֹשֶׁה לוֹמֵד עִבְרִית ?_　or　_____

_____　_מֹשֶׁה לוֹמֵד עִבְרִית ?_

1 אַתָּה הוֹלֵךְ לְבֵית-הַכְּנֶסֶת.　_____

2 הַיֶּלֶד צָעַק.　_____

3 הָאָב לֹא כּוֹעֵס.　_____

4 גֶּשֶׁם יָרַד בַּלַּיְלָה.　_____

5 הַמּוֹרֶה חוֹלֶה.　_____

Translate the questions you have written into English.

0 _Is Moshe learning Hebrew ?_

1 _____

2 _____

3 _____

4 _____

5 _____

C. Here is a list of answers. Write an appropriate question for each answer. Use one of these interrogatives: **מָתַי, מַה, מִי, אֵיפֹה.**

0 זֶה שֻׁלְחָן. מַה זֶּה? ______ ?

1 זֶה סֵפֶר. ______ ?

2 יְרוּשָׁלַיִם בְּיִשְׂרָאֵל. ______ ?

3 הַמּוֹרָה גְּבֶרֶת לֵוִי. ______ ?

4 גֶּשֶׁם יָרַד כָּל הַיּוֹם. ______ ?

5 הַמּוֹרֶה עוֹמֵד עַל־יַד הַלּוּחַ. ______ ?

6 הַכִּפָּה עַל הָרֹאשׁ שֶׁל דָּוִד. ______ ?

7 אֲנִי לוֹמֵד עִבְרִית בְּבֵית-הַסֵּפֶר. ______ ?

8 זֹאת הַחֲבֵרָה שֶׁלִּי. ______ ?

9 אַלְבֶּרְט בַּחֲנוּת. ______ ?

10 אֲנִי הוֹלֵךְ לְבֵית הַכְּנֶסֶת-בְּשַׁבָּת. ______ ?

Stone ossuary from the end of the Second Temple period, found in a tomb-cave near Jerusalem. The inscription: Mother.

The Direct Object of the Verb; Use of אֶת

David writes a letter.	דָּוִד כּוֹתֵב מִכְתָּב.
s v o	o v s
Father reads a book.	אַבָּא קוֹרֵא סֵפֶר.
s v o	o v s

Some sentences contain only a subject and a verb. However, most sentences also contain an object.
The **direct object receives the action of the verb.**

The direct object may be **indefinite** or **definite**

Dan reads **a book.**	דָּן קוֹרֵא סֵפֶר.
Dan reads **the book.**	דָּן קוֹרֵא אֶת הַסֵּפֶר.

When the direct object of the verb is indefinite, a Hebrew sentence reads like an English sentence.

Dan reads a book.	דָּן קוֹרֵא סֵפֶר.
indef. o.	**indef. o.**

When the **direct object** of the verb is **definite,** Hebrew uses the **cue word** אֶת. The word אֶת has no meaning.

The word אֶת is placed after the verb and before the **definite direct object,** which **has the prefix** הַ **attached to it.**

Dan reads the book.	דָּן קוֹרֵא אֶת הַ+סֵפֶר.
def. article **o.**	**o.** **def. article**

Proper names (people, places) **are always considered definite,** and **require the cue word אֶת.**
However, they do *not* require the definite article הַ.

I see Dan. **def.** **dir.** **o.**	אֲנִי רוֹאֶה **אֶת** דָּן. **def.** **dir.** **o.**

Remember: **אֶת** is a cue word for a definite direct object. It has no meaning.

תַּרְגִּילִים

A. In each of the following sentences, write **s** over each subject, **v** over each verb, and **o** over each direct object.

0 Lincoln (s) freed (v) the slaves (o).

1 Abraham smashed the idols.

2 Esau sold his birthright.

3 Moses received the commandments.

4 The whale swallowed Jonah.

5 The Israelis won the war.

B. 1. Write **s** over each subject, **v** over each verb, and **o** over each direct object.

2. Change each sentence so that all the direct objects are definite.

0 אֲנִי קוֹרֵא סֵפֶר. ______ אֲנִי קוֹרֵא אֶת הַסֵּפֶר.

1 דָּוִד כּוֹתֵב מִלָּה. ______

2 הָאִישׁ שָׁמַע קוֹל. ______

3 הוּא שׁוֹאֵל שְׁאֵלָה. ______

4 הָרַב אָמַר תְּפִלָּה. ______

5 מִי רוֹצֶה אֹכֶל? ______

6 אִמָּא נוֹתֶנֶת כֶּסֶף. ______

7 הֵם אָמְרוּ בְּרָכָה. ______

8 מִי לָקַח עִפָּרוֹן? ______

9 הֵם רוֹאִים כֶּלֶב. ______

10 מִרְיָם גָּמְרָה סִפּוּר. ______

Bronze *prutah,* Jerusalem, 67 C.E.

C. Circle the word or phrase that completes each sentence correctly.

0 הָאָב לָקַח אֶת הַיֶּלֶד יֶלֶד.
1 חַיִּים רָאָה אַבְרָהָם אֶת אַבְרָהָם.
2 הוּא יוֹדֵעַ בְּרָכָה הַבְּרָכָה.
3 הַתַּלְמִיד כָּתַב סִפּוּר הַסִּפּוּר.
4 שָׁלוֹם זָרַק אֶת אֹכֶל הָאֹכֶל.
5 הַחַזָּן שָׁר הַתְּפִלָּה תְּפִלָּה.
6 אֲנִי רוֹאֶה מִרְיָם אֶת מִרְיָם.
7 הַבֵּן שָׁאַל אֶת הַשְּׁאֵלָה שְׁאֵלָה.
8 אֲנַחְנוּ רוֹצִים אֶת לֵאָה לֵאָה.
9 אֲנִי קוֹרֵא סֵפֶר הַסֵּפֶר.
10 הַיֶּלֶד שָׁמַע קוֹל הַקּוֹל.

D. Write in Hebrew.

0 The teacher reads the story.

הַמּוֹרֶה קוֹרֵא אֶת הַסִּפּוּר.

1 The student took the notebook.

2 Dan sees Sarah.

3 He is writing a book.

4 Do you understand the teacher?

5 Do you want bread and milk?

חִידוֹת Riddles

You will find the answers on page 92.

1 אַתָּה יֶלֶד אוֹ יַלְדָּה?

אֲנִי יַלְדָּה.
אֵיפֹה אַתְּ גָּרָה? (live)
אֲנִי גָּרָה בְּקָלִיפוֹרְנְיָה.
הַאִם אַתְּ עוֹבֶדֶת? (work)
לֹא, אֲנִי לֹא עוֹבֶדֶת.
מָה אַתְּ עוֹשָׂה?
אֲנִי לוֹמֶדֶת.
מָה אַתְּ לוֹמֶדֶת?
אֲנִי לוֹמֶדֶת עִבְרִית וְאַנְגְּלִית.

מִי אַתְּ?

אֲנִי ______________

2 אַתָּה אִישׁ אוֹ אִשָּׁה?

אֲנִי אִישׁ.
אֵיפֹה אַתָּה גָּר?
אֲנִי גָּר בְּלוֹס אַנְגֶ'לֶס.
אַתָּה עוֹבֵד?
כֵּן, אֲנִי עוֹבֵד.
אֵיפֹה אַתָּה עוֹבֵד?
אֲנִי עוֹבֵד בְּבֵית-סֵפֶר עִבְרִי.
מָה אַתָּה עוֹשֶׂה בְּבֵית-סֵפֶר?
אֲנִי מְלַמֵּד. (teach)

מִי אַתָּה?

אֲנִי ______________

חִידוֹת
Riddles

3 אַתָּה אִישׁ אוֹ אִשָּׁה?

אֲנִי אִשָּׁה.
אֵיפֹה אַתְּ גָּרָה?
אֲנִי גָּרָה בְּאֶרֶץ פָּרַס. (Persia)
אַתְּ יְהוּדִיָּה?
כֵּן, אֲנִי יְהוּדִיָּה.
מָה אַתְּ עוֹשָׂה?
אֲנִי מַלְכָּה. אֲנִי חֲבֵרָה שֶׁל כָּל הַיְּהוּדִים.

מִי אַתְּ?

אֲנִי ________.

4 אַתָּה אִישׁ אוֹ אִשָּׁה?

אֲנִי אִישׁ.
אֵיפֹה אַתָּה עוֹבֵד?
אֲנִי עוֹבֵד בְּבֵית-הַכְּנֶסֶת.
מָה אַתָּה עוֹשֶׂה?
אֲנִי קוֹרֵא אֶת הַתְּפִלּוֹת בְּעִבְרִית וּבְאַנְגְּלִית.
מָה עוֹד?
אֲנִי מְדַבֵּר לְבַר-מִצְוָה.
מָה עוֹד?
אֲנִי אוֹמֵר "שַׁבָּת שָׁלוֹם" לְכָל הָאֲנָשִׁים.

מִי אַתָּה?

אֲנִי ________.

תַּרְגִּילִים לַחֲזָרָה

A. Rewrite each sentence so that it is negative.

0 יֵשׁ סְפָרִים עַל הַשֻּׁלְחָן. ‏_אֵין סְפָרִים עַל הַשֻּׁלְחָן._

1 אַתָּה מְדַבֵּר עִבְרִית. ‏_____

2 יֵשׁ כֶּלֶב בַּבַּיִת. ‏_____

3 הוּא בּוֹכֶה. ‏_____

4 יֵשׁ שֶׁקֶט בְּבֵית-הַכְּנֶסֶת. ‏_____

5 הַיְלָדִים הָלְכוּ הַבַּיְתָה. ‏_____

6 יֵשׁ לֶחֶם בַּחֲנוּת. ‏_____

B. Write each sentence in the feminine.

0 זֶה יֶלֶד. ‏_זֹאת יַלְדָּה._

1 זֶה מוֹרֶה. ‏_____

2 זֶה אִישׁ. ‏_____

3 זֶה דּוֹד. ‏_____

4 זֶה אַבָּא. ‏_____

5 זֶה תַּלְמִיד. ‏_____

6 זֶה מֹשֶׁה. ‏_____

C. Write each sentence in the plural.

0 זֶה סִפּוּר. אֵלֶּה סִפּוּרִים. ______

1 זֹאת בְּרָכָה. ______

2 זֶה עֵץ. ______

3 זֹאת תְּפִלָּה. ______

4 זֶה סִדּוּר. ______

5 זֹאת מְזוּזָה. ______

D. Rewrite each sentence in the past tense.

0 הַיְלָדִים הוֹלְכִים לְבֵית-הַסֵּפֶר. הַיְלָדִים הָלְכוּ לְבֵית-הַסֵּפֶר. ______

1 דָּן לוֹמֵד עִבְרִית. ______

2 שָׂרָה כּוֹתֶבֶת סִפּוּר. ______

3 דָּוִד חוֹזֵר הַבַּיְתָה. ______

4 הִיא אוֹמֶרֶת, "שֶׁקֶט!" ______

5 הוּא צוֹעֵק וְזוֹרֵק אֹכֶל. ______

6 אַבָּא לֹא כּוֹעֵס. ______

7 הֵם יוֹשְׁבִים בַּכִּתָּה. ______

8 שׁוֹשַׁנָּה וְלֵאָה אוֹכְלוֹת לֶחֶם. ______

9 מִרְיָם עוֹמֶדֶת בַּבַּיִת. ______

10 הַיְלָדִים נוֹתְנִים כֶּסֶף לִצְדָקָה. ______

Answers to riddles: 1 תַּלְמִידָה 2 מוֹרֶה 3 אֶסְתֵּר הַמַּלְכָּה 4 רַב

E. Complete each sentence by changing the verb to agree with the new subject.

0 הָאִישׁ רוֹצֶה מַיִם.

הָאִשָּׁה רוֹצָה מַיִם.

הָאֲנָשִׁים רוֹצִים מַיִם.

1 הוּא עוֹלֶה לְאֶרֶץ יִשְׂרָאֵל.

הִיא

אֲנַחְנוּ

2 דָּן שׁוֹתֶה חָלָב בַּבֹּקֶר.

רוּת

דָּן וְרוּת

3 יֶלֶד קָטָן בּוֹכֶה.

יַלְדָּה קְטַנָּה

יְלָדִים קְטַנִּים

4 רְאוּבֵן רוֹאֶה כֶּלֶב בַּכִּתָּה.

רִינָה

הַתַּלְמִידוֹת

5 מָה אַתָּה עוֹשֶׂה פֹּה?

מָה אַתְּ

מָה אַתֶּם

הַשׁוּק[1] בְּיִשְׂרָאֵל

[1] market

בְּיִשְׂרָאֵל אֲנָשִׁים קוֹנִים בַּסוּפֶּרְמַרְקֶט.
הֵם קוֹנִים גַּם בַּשׁוּק.
מַה זֶה שׁוּק? הַשׁוּק בָּרְחוֹב, בַּחוּץ.
שָׁם קוֹנִים לֶחֶם, עוּגָה[1], מֶלוֹן, פִּלְפֵּל, נֵרוֹת,
סְפָרִים, בְּגָדִים[1], פְּרָחִים[2] — הַכֹּל[3].

[1] cake
[1] clothing [2] flowers [3] everything

5

הַחֶנְוָנִים[1] צוֹעֲקִים: "פִּלְפֵּל, פִּלְפֵּל חַם וְטוֹב.
אֲנִי הַמֶּלֶךְ שֶׁל הַפִּלְפֵּל!"
הֵם צוֹעֲקִים: "מֶלוֹן, מֶלוֹן, עֲשָׂרָה[1] שְׁקָלִים!"
הֵם צוֹעֲקִים: "בָּשָׂר[1], בָּשָׂר — מֵאָה[2] שֶׁקֶל
לְקִילוֹ[1] בָּשָׂר."
הֵם צוֹעֲקִים: "נֵרוֹת, נֵרוֹת לְשַׁבָּת."
יֵשׁ הַרְבֵּה אֲנָשִׁים. כָּל הָאֲנָשִׁים בָּאִים, צוֹעֲקִים
וְקוֹנִים.

[1] storekeepers
[1] ten
[1] meat [2] hundred
[1] kilogram

10

בְּיוֹם חֲמִישִׁי[1] וּבְיוֹם שִׁשִּׁי[2] כָּל הָאֲנָשִׁים
בָּאִים לַשׁוּק לִקְנוֹת[1] בָּשָׂר, חַלּוֹת, נֵרוֹת,
פְּרָחִים, וְיַיִן לְשַׁבָּת.
בְּשַׁבָּת הַשׁוּק הַיְּהוּדִי[1] סָגוּר[2].

[1] Thursday [2] Friday
[1] to buy
[1] Jewish [2] closed

15

מִלּוֹן

market	שׁוּק
cake	עוּגָה
clothing	בֶּגֶד, בְּגָדִים
everything	הַכֹּל
ten (m.)	עֲשָׂרָה
meat	בָּשָׂר
one hundred	מֵאָה
Jewish	יְהוּדִי

Hoard of coins, found at Tell Zippor.

אלברט

איש אחד הולך בסופֶּרְמרקט עם הילד שלו. הילד קטן. הילד יושב בעֲגלה. הוא בוכה וצועק, הוא זורק אוכל. הילד בוכה וזורק חלב ולחם.

האב אומר בקול יפה וְשָׁקֵט: ״שֶׁקֶט, אלברט. אני יודע. אתה לא רוצה להיות בחנות. אני מבין. אתה רוצה להיות בבית. עוד מעט אנחנו גומרים. עוד מעט אנחנו עוזבים. עוד מעט אנחנו חוזרים הביתה. שקט, אלברט, שקט.״

אבל הילד בוכה, צועק, וזורק דְברים.

אשה אחת שומעת וחושבת: ״מה זה? ילד בוכה וצועק, והאב לא מכֶּה את הילד! האב לא כועס. האב לא צועק. אני רוצה לדַבֵּר עם האב.״

האשה הולכת לאב ואומרת: ״אתה אבא טוב. אתה אבא חכם. אתה מבין פְּסִיכוֹלוֹגְיָה של ילדים. אתה לא צועק. אתה לא כועס. אתה לא מדַבֵּר בקול. אתה מדבר בשקט. אתה אבא טוב. אלברט ילד מאושר.״

האב עונה: ״סליחה, את לא מְבינה! אני אלברט!״

5 יְחִידָה

יַיִן וּמַיִם

בְּעִיר[1] אַחַת מֵת[2] רֹאשׁ הָעִיר[3]. הָאֲנָשִׁים בָּעִיר בָּחֲרוּ[1] רֹאשׁ עִיר חָדָשׁ. בָּעִיר הַזֹּאת הָיָה הַמִּנְהָג[1] הַזֶּה: כַּאֲשֶׁר[2] בָּחֲרוּ רֹאשׁ עִיר חָדָשׁ, כָּל אֶחָד נָתַן מַתָּנָה[1] — כַּד[1] מָלֵא[2] יַיִן. לִפְנֵי הַבַּיִת שֶׁל רֹאשׁ הָעִיר עוֹמֶדֶת חָבִית[1] גְּדוֹלָה. בָּעֶרֶב כָּל הָאֲנָשִׁים בָּאִים אֶל הֶחָבִית וְשָׂמִים[1] אֶת הַיַּיִן שֶׁלָּהֶם[2] בֶּחָבִית.

[1]city [2]died [3]mayor
[1]chose
[1]custom [2]when
[1]gift
[1]pitcher [2]full (of)
[1]barrel
[1]put [2]their

הָאֲנָשִׁים בָּעִיר הָיוּ עֲנִיִּים[1] וְלֹא אָהֲבוּ[2] אֶת הַמִּנְהָג. כָּל אֶחָד חָשַׁב: אִם אֲנִי אֶתֵּן[1] מַיִם וְלֹא יַיִן, מִי יֵדַע[1]? מִי יֵדַע שֶׁ[2]יֵּשׁ בֶּחָבִית שֶׁל יַיִן רַק כַּד אֶחָד שֶׁל מַיִם? אֲבָל כָּל אֶחָד חָשַׁב שֶׁרַק הוּא עָשָׂה אֶת הַדָּבָר הַזֶּה.

[1]poor [2]liked
[1]will give
[1]will know [2]that

רֹאשׁ הָעִיר פָּתַח[1] אֶת הֶחָבִית וְשָׁתָה. מַה הוּא רָאָה? הֶחָבִית מְלֵאָה מַיִם!

[1]opened

רֹאשׁ הָעִיר הָיָה אִישׁ חָכָם. הוּא לֹא צָעַק וְהוּא לֹא כָּעַס.

בַּבֹּקֶר כָּל הָאֲנָשִׁים בָּאוּ אֶל הַבַּיִת שֶׁל רֹאשׁ הָעִיר. הוּא אָמַר: "תּוֹדָה עַל הַמַּתָּנָה הַיָּפָה — חָבִית מְלֵאָה יַיִן. הַכֹּל טוֹב וְיָפֶה. אֲבָל יֵשׁ אִישׁ רַע פֹּה.

20   הוּא לֹא נָתַן לִי[1] אֶת הַיַּיִן. הוּא שָׁם שָׁם כַּד מַיִם בְּחָבִית.   [1]to me

אֲנִי יוֹדֵעַ מִי הוּא — אֲבָל הַיּוֹם יֵשׁ חַג גָּדוֹל

בָּעִיר. אֲנִי לֹא רוֹצֶה לַעֲשׂוֹת[1] דָּבָר רַע   [1]to do

בְּיוֹם שִׂמְחָה[1]. עַכְשָׁו אֲנִי שָׁם חָבִית חֲדָשָׁה לִפְנֵי   [1]joy

הַבַּיִת שֶׁלִּי. אִם הָאִישׁ יָבוֹא[1] בַּלַּיְלָה וְיָשִׂים[2]   [1]will come [2]will put

25   אֶת הַיַּיִן בֶּחָבִית, אֲנִי אֶסְלַח לוֹ[1]."   [1]will forgive him

כָּל הָאֲנָשִׁים שָׁמְעוּ. כָּל אֶחָד חָשַׁב שֶׁרֹאשׁ הָעִיר

דִּבֵּר[1] רַק אֵלָיו[2].   [1]spoke [2]to him

בַּלַּיְלָה כָּל הָאֲנָשִׁים בָּאוּ — אֶחָד אֶחָד — וְשָׂמוּ

יַיִן בֶּחָבִית. וְהֶחָבִית הָיְתָה[1] מְלֵאָה יַיִן טוֹב.   [1]was

מִלּוֹן

עִיר	city (f.)
מֵת	died
כַּאֲשֶׁר	when
מַתָּנָה	gift
שָׂמִים — √שׂים	we, you, they put
שֶׁלָּהֶם	their
עָנִי, עֲנִיָּה, עֲנִיִּים	poor
אָהֲבוּ — √אהב	they liked, loved
שֶׁ...	that
לַעֲשׂוֹת — √עשה	to do
פָּתַח — √פתח	he opened
לִי	to me
לוֹ	to him
שִׂמְחָה	joy, joyful occasion
אֶסְלַח — √סלח	I will forgive
דִּבֵּר — √דבר	he spoke
הָיְתָה	she was

תַּרְגִּילִים

A. Circle the answer that best completes each sentence.

0 שֵׁם הַסִּפּוּר הַזֶּה
א. מַיִם וְיַיִן.
(ב.) יַיִן וּמַיִם.
ג. יַיִן טוֹב.

1 כַּאֲשֶׁר בָּחֲרוּ רֹאשׁ עִיר חָדָשׁ הַמִּנְהָג הָיָה
א. שֶׁכָּל אִישׁ נוֹתֵן לוֹ חָבִית גְּדוֹלָה.
ב. שֶׁעוֹשִׂים שִׂמְחָה גְּדוֹלָה.
ג. שֶׁכָּל אִישׁ נוֹתֵן לוֹ כַּד יַיִן.

2 כָּל אֶחָד בָּעִיר חָשַׁב:
א. אֲנִי נוֹתֵן יַיִן וְלֹא מַיִם.
ב. אֲנִי נוֹתֵן מְעַט יַיִן.
ג. אֲנִי נוֹתֵן מַיִם וְלֹא יַיִן.

3 הָאֲנָשִׁים לֹא רָצוּ אֶת הַמִּנְהָג כִּי
א. הֵם לֹא אָהֲבוּ אֶת רֹאשׁ הָעִיר.
ב. הֵם הָיוּ עֲנִיִּים.
ג. הַמִּנְהָג לֹא יָפֶה.

4 כַּאֲשֶׁר רֹאשׁ הָעִיר רָאָה אֶת הָאֲנָשִׁים הוּא
א. אָמַר תּוֹדָה עַל הַמַּתָּנָה הַיָּפָה.
ב. כָּעַס וְצָעַק.
ג. נָתַן לָהֶם מַתָּנוֹת יָפוֹת.

5 רֹאשׁ הָעִיר אָמַר: אֲנִי אֶסְלַח לָאִישׁ הָרַע
א. שֶׁשָּׂם חָבִית חֲדָשָׁה לִפְנֵי הַבַּיִת.
ב. שֶׁשָּׂם כַּד יַיִן בֶּחָבִית.
ג. שֶׁעוֹשֶׂה שִׂמְחָה גְּדוֹלָה בָּעִיר.

6 הָאֲנָשִׁים שָׁמְעוּ מַה שֶּׁרֹאשׁ הָעִיר אָמַר וְכָל אֶחָד
א. שָׂם כַּד יַיִן בֶּחָבִית.
ב. אָמַר סְלִיחָה לְרֹאשׁ הָעִיר.
ג. שָׁתָה כַּד יַיִן וְהָיָה שָׂמֵחַ.

B. Arrange the following sentences in the correct order, according to
    the story.

_____ הָאֲנָשִׁים שָׂמוּ מַיִם בֶּחָבִית.

_____ הָאֲנָשִׁים שָׂמוּ יַיִן בֶּחָבִית.

__1__ רֹאשׁ הָעִיר מֵת.

_____ רֹאשׁ הָעִיר דִּבֵּר אֶל הָאֲנָשִׁים.

_____ הָאֲנָשִׁים בָּחֲרוּ אִישׁ חָדָשׁ.

C. Fill in the puzzle with the Hebrew meanings of the English words. Do
    not use final letters or vowels.

1 gift _____ מתנה _____

2 he gives _____

3 poor _____

4 he does _____

5 they put _____

6 he drank _____

7 joy _____

8 new _____

9 thing _____

10 he loved _____

11 head _____

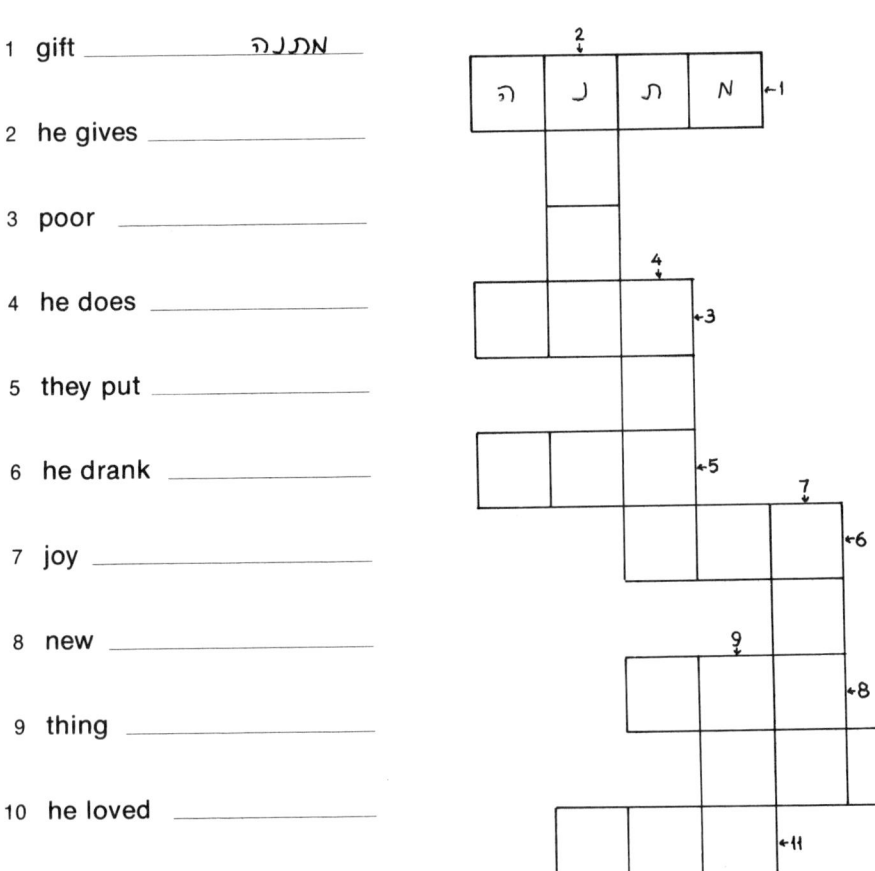

D. Write each of the following sentences in Hebrew.

0 One day the Mayor died.

יוֹם אֶחָד רֹאשׁ הָעִיר מֵת.

1 The people chose a new man.

2 Everyone gave a gift (to) the mayor.

3 They gave (to) him water and not wine.

4 The Mayor said: "There is a bad man here. He did not give (to) me wine."

5 The people came at night and put good wine in the barrel.

Storage jar for wine, found at Avdat in the Negev.

Adjectives

An **adjective** is a word that **describes or modifies a noun.**

A student wrote a letter.
n n

A tall student wrote a letter.
adj n n

A student wrote a long letter.
n adj n

In an English sentence, the subject (**s**) or the object (**o**) is usually a noun. An adjective can describe or modify both the subject and the object.

A tall student wrote a long letter.
adj n adj n

1. Position of adjectives

good book — adj n

סֵפֶר טוֹב — n adj

In English, the adjective comes before the noun it modifies (describes). In Hebrew, **the adjective follows the noun it modifies.**

2. Agreement of adjectives and nouns

m.s.	תַּלְמִיד טוֹב
f.s.	תַּלְמִידָה טוֹבָה
m.pl.	תַּלְמִידִים טוֹבִים
f.pl.	תַּלְמִידוֹת טוֹבוֹת

The adjective must agree in number and gender with the noun it modifies.

3. Adjectives with indefinite and definite articles

a large house	בַּיִת גָּדוֹל
the large house	הַבַּיִת הַגָּדוֹל

If the noun is definite (has a ה before it), **the adjective that modifies it must also be definite.** It must also have a ה before it.

Summary of adjectives

1. In Hebrew, adjectives always follow the noun they modify.

מוֹרֶה טוֹב

יַלְדָּה יָפָה

2. Adjectives must agree with the noun in number and gender.

יֶלֶד חָדָשׁ

כִּתָּה טוֹבָה

תַּלְמִידִים חֲכָמִים

מְנוֹרוֹת גְּדוֹלוֹת

3. If the noun is indefinite, the adjective must also be indefinite.

בֵּן קָטָן

תְּפִלָּה יָפָה

If the noun is definite, the adjective must also be definite.

הַבֵּן הַקָּטָן

הַתְּפִלָּה הַיָּפָה

תַּרְגִּילִים

A. Circle the adjectives in the following sentences.

0 We saw a (good) movie.
1 Solomon was a wise king.
2 She is wearing a blue sweater and a white hat.
3 The old man has an interesting face.
4 I am a happy person.
5 He bought six big apples.

B. Circle the correct form of the adjective. (*Remember*: An adjective must agree with the noun in gender and number.)

0 רִבְקָה יַלְדָּה   יָפֶה   (יָפָה.)

1 אַבְרָהָם אִישׁ   טוֹב   טוֹבָה.

2 הַמִּשְׁפָּחָה שֶׁלִּי   קָטָן   קְטַנָּה.

3 הַיּוֹם יוֹם   יָפֶה   יָפָה.

4 הַשִּׂמְחָה הָיְתָה   גָּדוֹל   גְּדוֹלָה.

5 הַמּוֹרֶה נָתַן לִי סֵפֶר   חָדָשׁ   חֲדָשָׁה.

6 הַמּוֹרוֹת שֶׁלּוֹ   טוֹבִים   טוֹבוֹת.

7 הַמֶּלֶךְ הָיָה אִישׁ   רַע   רָעָה.

8 הָאֲנָשִׁים הָיוּ   עָנִי   עֲנִיִּים.

9 הָאֵם וְהַבַּת   יָפִים   יָפוֹת.

10 אַתֶּם תַּלְמִידִים   חֲכָמִים   חֲכָמוֹת.

C. Here is a list of adjectives.

יָפֶה – יָפָה
טוֹב – טוֹבָה
רַע – רָעָה
שָׂמֵחַ – שְׂמֵחָה
קָטָן – קְטַנָּה
גָּדוֹל – גְּדוֹלָה

חָכָם – חֲכָמָה
חָדָשׁ – חֲדָשָׁה
עָנִי – עֲנִיָּה
עָשִׁיר – עֲשִׁירָה
יְהוּדִי – יְהוּדִיָּה
זָקֵן – זְקֵנָה (old, for people)

Choose one adjective to describe each of the nouns below.

0 אָב טוֹב

1 חָבֵר ____
2 מוֹרֶה ____
3 תַּלְמִידָה ____
4 כֶּלֶב ____
5 בְּרָכָה ____
6 אֵם ____
7 אִישׁ ____
8 בַּיִת ____
9 מַתָּנָה ____
10 בַּת ____

Now choose one of the adjectives to describe *yourself* in the following places.

0 בַּבַּיִת אֲנִי שָׂמֵחַ or שְׂמֵחָה.

1 בְּבֵית-הַסֵּפֶר אֲנִי ____
2 בַּכִּתָּה הַזֹּאת אֲנִי ____
3 בְּבֵית-הַכְּנֶסֶת אֲנִי ____
4 בָּרְחוֹב אֲנִי ____
5 בַּחֲנוּת אֲנִי ____

D. Write the correct form of the adjective. (*Remember*: If the noun is definite, the adjective must also be definite.)

0 הַמְּנוֹרָה יָפֶה הַיָּפָה עַל הַשֻּׁלְחָן.

1 בַּמִּשְׁפָּחָה יֵשׁ בֵּן קָטָן ______.

2 הַיֶּלֶד גָּדוֹל ______ הוֹלֵךְ לְבֵית-הַסֵּפֶר.

3 הַתַּלְמִיד טוֹב ______ לוֹמֵד.

4 הוּא כָּתַב סִפּוּר יָפֶה ______.

5 הָאִישׁ זָקֵן ______ יָשַׁב בַּבַּיִת.

E. Write in the plural.

0 הַמּוֹרָה הַטּוֹבָה — הַמּוֹרוֹת הַטּוֹבוֹת.

1 הָעֵץ הַקָּטָן ______

2 חָבֵר טוֹב ______

3 הַכִּתָּה הַגְּדוֹלָה ______

4 הַדּוֹדָה הַטּוֹבָה ______

5 אִישׁ עָנִי ______

6 מַתָּנָה יָפָה ______

7 הַמִּשְׁפָּחָה הַגְּדוֹלָה ______

8 כֶּלֶב חָכָם ______

Adjectives in Noun Sentences

The house (is) big.	הַבַּיִת גָּדוֹל.
the big house ...	הַבַּיִת הַגָּדוֹל ...

הַבַּיִת גָּדוֹל is a complete noun sentence.

הַבַּיִת הַגָּדוֹל is *not* a complete sentence. It is a phrase: a noun and its adjective modifier.

The ה in front of the adjective (הַגָּדוֹל) is our *clue* that we are reading an incomplete sentence — a noun and the adjective that agrees with it.

תַּרְגִּילִים

A. Translate the following.

0 הַתַּלְמִיד טוֹב The student is good. ______

הַתַּלְמִיד הַטּוֹב the good student ______

1 הַמִּשְׁפָּחָה גְּדוֹלָה ______

הַמִּשְׁפָּחָה הַגְּדוֹלָה ______

2 הָאִישׁ זָקֵן ______

הָאִישׁ הַזָּקֵן ______

3 הַחֶדֶר קָטָן ______

הַחֶדֶר הַקָּטָן ______

4 הַכֶּלֶב חָכָם ______

הַכֶּלֶב הֶחָכָם ______

B. Circle the correct phrase or sentence that means the same as the English.

0 the big book

א. סֵפֶר גָּדוֹל
ב. הַסֵּפֶר גָּדוֹל
(ג.) הַסֵּפֶר הַגָּדוֹל

1 a big blessing

א. בְּרָכָה גְּדוֹלָה
ב. הַבְּרָכָה גְּדוֹלָה
ג. הַבְּרָכָה הַגְּדוֹלָה

2 the good friend

א. חֲבֵרָה טוֹבָה
ב. הַחֲבֵרָה טוֹבָה
ג. הַחֲבֵרָה הַטּוֹבָה

3 The students are wise.

א. הַתַּלְמִידִים חֲכָמִים
ב. תַּלְמִידִים חֲכָמִים
ג. הַתַּלְמִידִים הַחֲכָמִים

4 old men

א. אֲנָשִׁים זְקֵנִים
ב. הָאֲנָשִׁים זְקֵנִים
ג. הָאֲנָשִׁים הַזְּקֵנִים

5 The menorah is pretty.

א. מְנוֹרָה יָפָה
ב. הַמְּנוֹרָה יָפָה
ג. הַמְּנוֹרָה הַיָּפָה

C. Circle the form of the adjective that correctly completes each sentence.

0 הַשֻּׁלְחָן גָּדוֹל (הַגָּדוֹל) בַּחֶדֶר.
1 יֶלֶד קָטָן הַקָּטָן צוֹעֵק וּבוֹכֶה.
2 הַסֻּכָּה יָפָה הַיָּפָה עָמְדָה עַל־יַד הַבַּיִת.
3 הַמּוֹרָה יָפָה הַיָּפָה וְהַיְלָדִים שְׂמֵחִים.
4 הַמַּחְבֶּרֶת זֹאת הַזֹּאת שֶׁלִּי.
5 יֵשׁ בַּיִת יָפֶה הַיָּפֶה בִּרְחוֹב בֶּן־גֻּרְיוֹן.
6 הַיְלָדִים אֵלֶּה הָאֵלֶּה לֹא בָּאוּ לַכִּתָּה הַיּוֹם.
7 ״שָׁנָה טוֹבָה הַטּוֹבָה!״ אָמְרוּ כָּל הָאֲנָשִׁים.
8 כֶּלֶב גָּדוֹל הַגָּדוֹל עַל־יַד הַבַּיִת.
9 הַיּוֹם יָפֶה הַיָּפֶה וַאֲנִי הוֹלֵךְ אֶל הֶהָרִים.
10 הַשְּׁאֵלָה טוֹבָה הַטּוֹבָה אֲבָל אֲנִי לֹא יוֹדֵעַ אֶת הַתְּשׁוּבָה.

Roman amphitheatre (c. 200 C.E.) in Bet She'an.

אֹכֶל

חָלָב	milk
חֶמְאָה	butter
בֵּיצָה, בֵּיצִים	egg
גְּבִינָה	cheese
דָּג, דָּגִים	fish
בָּשָׂר	meat
עוֹף	chicken
לֶחֶם	bread
חַלָּה	hallah
פִּתָּה	pita
פָלָפֶל	felafel
תַּפּוּחַ־אֲדָמָה	potato
יְרָקוֹת	vegetables
פֵּרוֹת	fruit
תַּפּוּחַ	apple
תַּפּוּז	orange
בָּנָנָה	banana
עֲנָבִים	grapes
קָפֶה	coffee
תֵּה	tea
מִיץ	juice
יַיִן	wine
עוּגָה	cake
עוּגִיּוֹת	cookies
גְלִידָה	ice cream
לִקְנוֹת – קנה√	to buy
לִמְכֹּר – מכר√	to sell
כַּמָּה עוֹלֶה ...	how much
כַּמָּה עוֹלָה ...	does it cost?

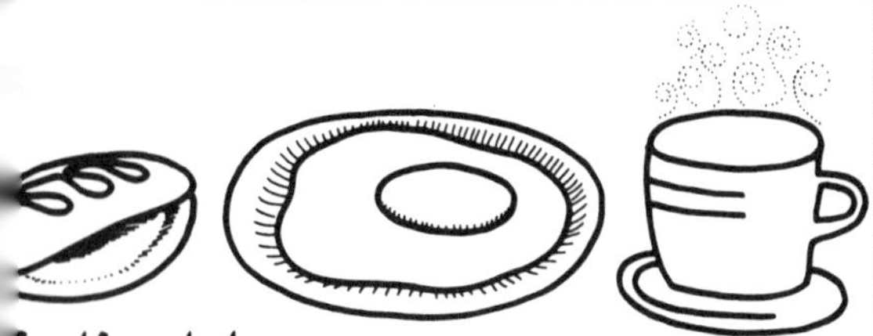

ארוחת בוקר קונטיננטל — Continental Breakfast ____

ביצה	Egg
לחמניה	Roll
ריבה	Jam
קפה/תה	Coffee / Tea

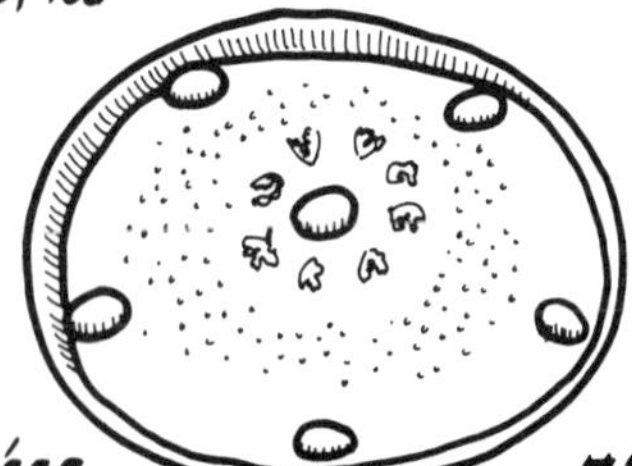

מנה ראשונה — Entrées

חומוס	____	Humus
טחינה	____	Tehina
טחינה בחצילים	____	Tehina with Eggplant
סלט ירקות	____	Vegetable Salad
סלט טורקי	____	Turkish Salad
סלט יווני	____	Greek Salad
סלט טונה	____	Tuna Salad
ביצה בעגבניות(שקשוקה)	____	Egg in Tomatoe Sauce
חביתת פטריות	____	Mushroom Omelette
קורקבנים ברוטב	____	Giblets with Gravy
קציצות בשר	____	Meat Balls

תפריט Menu

Kosher כשר

Soups רקים

French-Style ק בצל
Onion Soup ____ נוסח צרפת

Main Course נה עיקרית

Grilled (with Salads) ריל (עם תוספות)

Fillet Steak	____	יק פילה
Steak (by weight)	____	יק לפי משקל
Double-Beef Steak	____	יק בשר כפול
Veal Chops	____	עות עגל
Lamb Chops	____	עות כבש
Shashlik	____	שליק
Kabab	____	ב
Liver	____	ד
Chicken Liver	____	ד עוף
Mixed Grill	____	יל מעורב
Schnitzel	____	ניצל

Desserts מנה אחרונה

Watermelon	____	אבטיח
Melon	____	מלון
Fruit Salad	____	סלט פירות
Fruit Cocktail	____	ליפתן
Cream Caramel	____	קרם כרמל
Cream Bavaria	____	קרם בואריה
Blintzes:		בלינצ'ס:
Crepe Suzette	____	חביתית "סוזט"
Crepe Normande	____	חביתית "נורמנד"
Crepe Chocolate	____	חביתית עם רוטב שוקולד
Choice of Cakes	____	מבחר עוגות

Hot Drinks משקאות חמים

Turkish Coffee	____	קפה טורקי
Black Coffee	____	קפה שחור
Coffee (Parave)	____	קפה הפוך (פרווה)
Tea	____	תה

תַּרְגִּילִים לַחֲזָרָה

A. Circle the word in the Hebrew sentence which means the same as the English word to the left.

lessons	0 אֲנִי כּוֹתֵב (שִׁעוּרִים.)
food	1 אִמָּא נוֹתֶנֶת אֹכֶל טוֹב לַיְלָדִים.
rain	2 גֶּשֶׁם יָרַד כָּל הַלַּיְלָה.
more	3 מָה עוֹד אַתָּה רוֹאֶה בַּחֶדֶר?
answers	4 הַתַּלְמִיד שׁוֹאֵל וְהַמּוֹרֶה עוֹנֶה.
understand	5 אֲנִי לֹא מֵבִין אֶת הַסִּפּוּר.
now	6 אֲנַחְנוּ כּוֹתְבִים בַּמַּחְבָּרוֹת עַכְשָׁו.
thought	7 הוּא חָשַׁב רֶגַע וְהָלַךְ הַבַּיְתָה.
must	8 בְּיִשְׂרָאֵל צְרִיכִים לְדַבֵּר עִבְרִית.
to be	9 אֲנִי לֹא רוֹצֶה לִהְיוֹת פֹּה.
with	10 גַּם אֲנִי הוֹלֵךְ עִם דְּבוֹרָה.

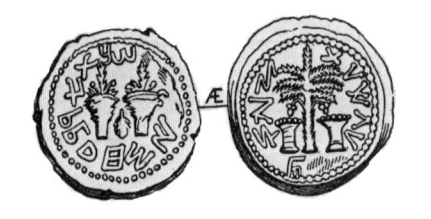

Coin struck during the Second Revolt against Rome, 132–135 C.E. The two sides read: Year four-and-a-half for the redemption of Zion.

B. Fill in the אֶת where necessary.

0 הוּא שָׁמַע (אֶת) הַסִּפּוּר.

1 הֵם אָמְרוּ תְּפִלָּה.

2 אַבָּא נָתַן הַמַּתָּנָה לַיֶּלֶד.

3 מַדּוּעַ אַתָּה לֹא כּוֹתֵב הַשִּׁעוּר?

4 אֲנִי רוֹאֶה מַחְבֶּרֶת וְעִפָּרוֹן עַל הַשֻּׁלְחָן.

5 יַעֲקֹב אָהַב רָחֵל.

C. There are at least 20 words in this necklace. Can you find them? You may find several smaller words within a larger word. For example: In the word שְׁאֵלָה you have the words שָׁאַל אֵל אֵלֶּה שְׁאֵלָה. *You may not skip letters to form words.* Try to find at least 15 words.

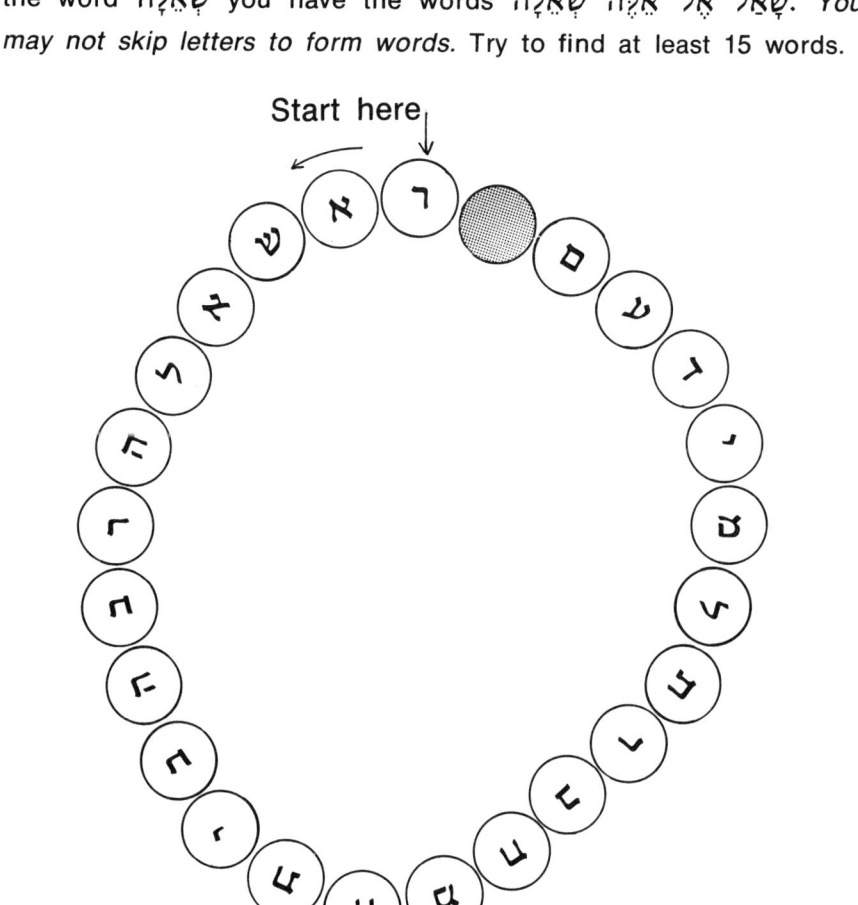

_____ 11	_____ 6	_____ 1
_____ 12	_____ 7	_____ 2
_____ 13	_____ 8	_____ 3
_____ 14	_____ 9	_____ 4
_____ 15	_____ 10	_____ 5

D. Circle the verb that does not belong in each group, and be prepared to give your reason orally.

0 יוֹשֵׁב   אוֹמֵר   (הָלַךְ)   כּוֹתֵב

Reason: The verb הָלַךְ is in the past tense;
all the other verbs are in the present tense.

1 חוֹשְׁבִים   עוֹמֵד   קוֹרְאִים   לוֹמְדִים

2 כּוֹעֶסֶת   אוֹכֵל   חוֹזֵר   שׁוֹמֵעַ

3 זוֹרְקוֹת   אוֹמְרוֹת   הוֹלְכִים   רוֹאוֹת

4 אָהַב   שָׂמְחוּ   יָשְׁבָה   רוֹצָה

5 צוֹעֶקֶת   פָּתַח   עוֹשֶׂה   יוֹדְעִים

E. Using the שֹׁרֶשׁ given, fill in the correct form of the verb. Remember to look for clue words to tell you whether the sentence is in the past or present tense.

0 הַיּוֹם אֲנִי לֹא   הלך√   הוֹלֵךְ, הוֹלֶכֶת   אֶל בֵּית-הַסֵּפֶר.

1 עַכְשָׁו אֲנַחְנוּ   למד√   _____ עִבְרִית.

2 הוּא הָלַךְ אֶל בֵּית-הַכְּנֶסֶת וְ שמע√   _____ אֶת הַחַזָּן.

3 אֶתְמוֹל הֵם   חזר√   _____ הַבַּיְתָה.

4 יַעֲקֹב לָקַח עֵט וְ כתב√   _____ .

5 הַמּוֹרֶה עוֹמֵד רֶגַע וְ חשב√   _____ .

6 הַיּוֹם הָאֵם   קנה√   _____ מַתָּנָה לַיַּלְדָּה.

7 עַכְשָׁו הַתַּלְמִידִים   ענה√   _____ עַל כָּל הַשְּׁאֵלוֹת.

8 מָה אַתָּה   רצה√   _____ ?

F. Rewrite each sentence, making the necessary verb changes to agree with the new subject.

0 הַתַּלְמִיד יוֹשֵׁב בְּשֶׁקֶט וְעוֹבֵד.

הַתַּלְמִידִים יוֹשְׁבִים בְּשֶׁקֶט וְעוֹבְדִים.

1 הַיֶּלֶד עוֹמֵד עַל-יַד הַבַּיִת וְצוֹעֵק.

הַיַּלְדָּה ______

2 שְׁלֹמֹה רוֹאֶה אֶת לֵאָה וְאוֹמֵר שָׁלוֹם.

דְּבוֹרָה ______

3 הַתַּלְמִידָה פָּתְחָה אֶת הַמַּחְבֶּרֶת.

הַתַּלְמִידוֹת ______

4 רְאוּבֵן לָקַח סִדּוּר וְהָלַךְ לְבֵית-הַכְּנֶסֶת.

רְאוּבֵן וְשִׁמְעוֹן ______

5 הָאִישׁ הַזֶּה נוֹתֵן הַרְבֵּה כֶּסֶף לְיִשְׂרָאֵל.

הָאֲנָשִׁים ______

אִישׁ חָכָם

יְהוֹשֻׁעַ בֶּן חֲנַנְיָה הָיָה אִישׁ חָכָם, אֲבָל הוּא הָיָה
מְכֹעָר¹ מְאֹד. הַמֶּלֶךְ שֶׁל רוֹמָא² אָהַב לְדַבֵּר אֶל
יְהוֹשֻׁעַ עַל¹ הַתּוֹרָה, כִּי יְהוֹשֻׁעַ הָיָה חָכָם מְאֹד.

> ¹ugly ²Rome
> ¹about

פַּעַם אַחַת¹ פָּגַשׁ² יְהוֹשֻׁעַ אֶת בַּת-הַמֶּלֶךְ.
אָמְרָה בַּת-הַמֶּלֶךְ אֶל יְהוֹשֻׁעַ: "הָאָב שֶׁלִּי אָמַר
שֶׁאַתָּה אִישׁ חָכָם מְאֹד. מַדּוּעַ שָׂם אֱלֹהִים לֵב¹
חָכָם בְּגוּף¹ מְכֹעָר?"
עָנָה יְהוֹשֻׁעַ: "הַאִם יֵשׁ לַמֶּלֶךְ יַיִן?"
"כֵּן."

> ¹once ²met
> ¹heart
> ¹body

"אֵיפֹה הוּא שָׂם אֶת הַיַּיִן?"
"בְּכֵלִים¹ שֶׁל חֶרֶס²," עוֹנָה בַּת-הַמֶּלֶךְ.
צָחַק¹ יְהוֹשֻׁעַ: "כֵּלִים שֶׁל חֶרֶס הֵם טוֹבִים
לַאֲנָשִׁים עֲנִיִּים. הַמֶּלֶךְ צָרִיךְ לָשִׂים¹ אֶת הַיַּיִן
בְּכֵלִים שֶׁל כֶּסֶף¹ אוֹ² זָהָב³."

> ¹utensils ²earthenware
> ¹laughed
> ¹to put
> ¹silver ²or ³gold

הָלְכָה בַּת-הַמֶּלֶךְ וְשָׂמָה אֶת הַיַּיִן בְּכֵלִים שֶׁל
כֶּסֶף וּבְכֵלִים שֶׁל זָהָב.

פַּעַם אַחַת בָּאוּ אוֹרְחִים¹ אֶל הַמֶּלֶךְ. הַמֶּלֶךְ נָתַן
לָהֶם יַיִן, וְהַיַּיִן הֶחְמִיץ¹.
הַמֶּלֶךְ שָׁאַל: "מִי עָשָׂה זֹאת?"
הָאֲנָשִׁים אָמְרוּ: "בַּת-הַמֶּלֶךְ שָׂמָה אֶת הַיַּיִן
בְּכֵלִים שֶׁל זָהָב וְהַיַּיִן הֶחְמִיץ."
כָּעַס הַמֶּלֶךְ מְאֹד.

> ¹guests
> ¹soured

כַּאֲשֶׁר בַּת-הַמֶּלֶךְ רָאֲתָה¹ אֶת יְהוֹשֻׁעַ, הִיא
אָמְרָה לוֹ: "מַדּוּעַ אָמַרְתָּ¹ לִי לָשִׂים אֶת הַיַּיִן
בְּכֵלִים שֶׁל זָהָב? הַיַּיִן הֶחְמִיץ וְהַמֶּלֶךְ כָּעַס מְאֹד."
עָנָה יְהוֹשֻׁעַ: "אַתְּ שׁוֹאֶלֶת מַדּוּעַ שָׂם אֱלֹהִים
לֵב חָכָם בְּגוּף מְכֹעָר. עַכְשָׁו אַתְּ רוֹאָה שֶׁהַיַּיִן
נִשְׁמָר¹ בְּכֵלִים שֶׁל חֶרֶס, כֵּלִים פְּשׁוּטִים²,
וְגַם הַחָכְמָה¹ נִשְׁמֶרֶת בְּגוּף מְכֹעָר."

> ¹saw
> ¹you said
> ¹is preserved ²plain
> ¹wisdom

מִלּוֹן

about	עַל
once	פַּעַם אַחַת
he met	פָּגַשׁ – פגשׁ√
heart	לֵב
he laughed	צָחַק – צחק√
to put	לָשִׂים – שׂים√
silver, money	כֶּסֶף
or	אוֹ
gold	זָהָב

יין ומים

בעיר אחת מֵת ראש העיר. האנשים בעיר בָּחֲרוּ ראש עיר חדש.

בעיר הזאת היה המנהג הזה: כאשר בחרו ראש עיר חדש, כל אחד
נתן לו מתנה – כד מלֵא יין.
לפני הבית של ראש העיר עומדת חָבית גדולה. בערב כל האנשים
באים אל הֶחבית ושׂמים את היין שלהם בֶּחבית.

5

האנשים בעיר היו עניים ולא אהֲבו את המנהג. כל אחד חשב: אם
אני אֶתֵּן מים ולא יין, מי יֵדַע?
מי יֵדַע שֶׁיֵּשׁ בחבית של יין רק כד אחד של מים? אבל כל אחד
חשב שרק הוא עשה את הדבר הזה.

ראש העיר פתח את החבית ושתה. מה הוא ראה? החבית מְלֵאה
מים!

10

ראש העיר היה איש חכם. הוא לא צעק והוא לא כעס.

בבוקר כל האנשים באו אל הבית של ראש העיר. הוא אמר: ״תודה
על המתנה היפה – חבית מלאה יין. הכּול טוב ויפה. אבל יש איש
רע פה. הוא לא נתן לי את היין. הוא שם כד מים בחבית.

15

אני יודע מי הוא – אבל היום יש חג גדול בעיר. אני לא רוצה
לַעֲשׂות דבר רע ביום שִׂמְחָה. עכשיו אני שם חבית חדשה לפני
הבית שלי. אם האיש יָבוֹא בלילה וְיָשִׂים את היין בחבית, אני
אֶסְלַח לו.״

כל האנשים שמעו. כל אחד חשב שֶׁראש העיר דיבר רק אליו.

20

בלילה כל האנשים באו – אחד אחד – ושמו יין בחבית. והחבית
הייתה מלאה יין טוב.

6 יְחִידָה

שֶׁלִּי וְשֶׁלָּנוּ

שְׁנֵי חֲבֵרִים, מֹשֶׁה וְיַעֲקֹב, הוֹלְכִים יַחַד[1]. הֵם חֲבֵרִים טוֹבִים. הֵם הוֹלְכִים בָּרֶגֶל[1] מִן[2] הַבַּיִת שֶׁלָּהֶם אֶל הַדּוֹד[1] שֶׁל יַעֲקֹב לֶאֱכֹל[2] אֲרוּחַת צָהֳרַיִם[3].

[1] together
[1] on foot [2] from
[1] uncle [2] to eat [3] lunch

פִּתְאֹם[1] רוֹאֶה יַעֲקֹב כֶּסֶף בָּרְחוֹב. הוּא לוֹקֵחַ אֶת הַכֶּסֶף – עֲשָׂרָה דּוֹלָרִים. יַעֲקֹב שָׂם מַהֵר[1] אֶת הַכֶּסֶף בַּכִּיס[1] שֶׁלּוֹ וְהוֹלֵךְ עִם מֹשֶׁה.

[1] suddenly
[1] quickly
[1] pocket

הַחֲבֵרִים הוֹלְכִים וְיַעֲקֹב חוֹשֵׁב: יֵשׁ חֲנוּת עַל־יַד הַבַּיִת שֶׁל הַדּוֹד שֶׁלִּי. מָה אֲנִי יָכוֹל[1] לִקְנוֹת בַּכֶּסֶף? בַּעֲשָׂרָה דּוֹלָרִים אֲנִי יָכוֹל לִקְנוֹת הַרְבֵּה דְּבָרִים: אוּלַי כַּדּוּר[1] חָדָשׁ, אוֹ סֵפֶר, אוֹ מְכוֹנִית[1] קְטַנָּה.

[1] able
[1] ball
[1] car

הַחֲבֵרִים שְׂמֵחִים. מֹשֶׁה אוֹמֵר: "אֵיזֶה מַזָּל![1] אֲנַחְנוּ יְכוֹלִים לִקְנוֹת הַרְבֵּה דְּבָרִים בַּכֶּסֶף שֶׁלָּנוּ."

[1] what luck!

"שֶׁלָּנוּ?" שׁוֹאֵל יַעֲקֹב. "שֶׁלָּנוּ? לֹא! הַכֶּסֶף שֶׁלִּי וְלֹא שֶׁלְּךָ."

מֹשֶׁה לֹא עוֹנֶה. הַחֲבֵרִים הוֹלְכִים. פִּתְאֹם הֵם שׁוֹמְעִים יַלְדָּה בּוֹכָה. "אֵיפֹה הַכֶּסֶף שֶׁלִּי? אֵיפֹה עֲשֶׂרֶת הַדּוֹלָרִים שֶׁלִּי?"

מֹשֶׁה אוֹמֵר אֶל יַעֲקֹב: ״אֲנִי חוֹשֵׁב שֶׁהַכֶּסֶף שֶׁלְּךָ הוּא הַכֶּסֶף שֶׁלָּהּ.״

יַעֲקֹב חוֹשֵׁב: כֵּן, הַכֶּסֶף שֶׁלִּי הוּא הַכֶּסֶף שֶׁלָּהּ.
יַעֲקֹב אוֹמֵר לַיַּלְדָּה: ״הִנֵּה הַכֶּסֶף שֶׁלָּךְ.״

מִלּוֹן

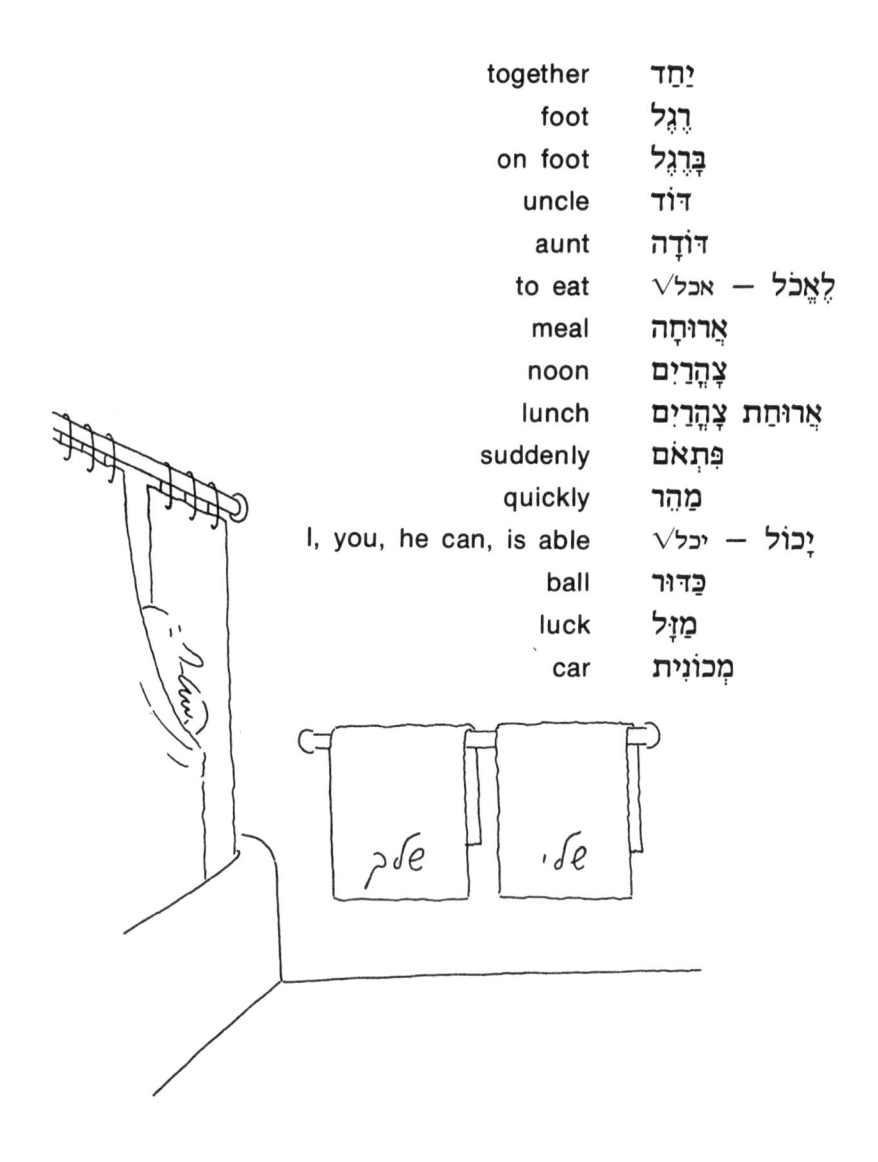

יַחַד	together
רֶגֶל	foot
בָּרֶגֶל	on foot
דּוֹד	uncle
דּוֹדָה	aunt
לֶאֱכֹל — אכל√	to eat
אֲרוּחָה	meal
צָהֳרַיִם	noon
אֲרוּחַת צָהֳרַיִם	lunch
פִּתְאֹם	suddenly
מַהֵר	quickly
יָכוֹל — יכל√	I, you, he can, is able
כַּדּוּר	ball
מַזָּל	luck
מְכוֹנִית	car

תַּרְגִּילִים

A. Correct each sentence by rewriting it to form a true statement about the story.

0 שְׁנֵי חֲבֵרִים הוֹלְכִים אֶל הַמּוֹרָה.

שְׁנֵי חֲבֵרִים הוֹלְכִים אֶל הַדּוֹד.

1 יַעֲקֹב רוֹאֶה כֶּלֶב בָּרְחוֹב.

2 מֹשֶׁה לוֹקֵחַ אֶת הַכֶּסֶף וְשָׂם אֶת הַכֶּסֶף בַּכִּיס.

3 יֵשׁ בֵּית-סֵפֶר עַל-יַד הַבַּיִת שֶׁל הַדּוֹד.

4 יַעֲקֹב רוֹצֶה לִקְנוֹת אֹכֶל בַּכֶּסֶף.

5 יֶלֶד בּוֹכֶה וְאוֹמֵר: "אֵיפֹה הַכֶּסֶף שֶׁלִּי?"

Seals were used to identify property. This one reads: Jehoaḥaz, son of the king. Late 7th century B.C.E.

B. Write the Hebrew phrase from the story which shows that:

0 They are walking on foot.

הֵם הוֹלְכִים בָּרֶגֶל.

1 Suddenly Jacob sees the money in the street.

2 Jacob puts the money in his pocket quickly.

3 Jacob thinks, "What can I buy with the money?"

4 Jacob thinks, "Yes, my money is her money."

C. How many new vocabulary words and review words can you find? Circle them, and list as many as you can in the spaces provided. Write their English meaning alongside.

צ	ב	א	ן	מ	ה	פ	י	י	נ	ע
ה	ר	ש	ע	מ	ם	ת	ר	ח	ב	ו
ר	ג	ל	ו	כ	י	א	ד	ד	ע	נ
י	ל	י	ד	ו	י	מ	ה	ש	מ	ה
מ	א	ת	ו	נ	ק	ל	ל	ה	צ	ש
ל	ו	ק	ד	י	ה	ח	ו	ר	א	ל
ר	ש	א	כ	ת	ו	נ	ח	ת	פ	ק

_____	17	father	אָב	0
_____	18	_____		1
_____	19	_____		2
_____	20	_____		3
_____	21	_____		4
_____	22	_____		5
_____	23	_____		6
_____	24	_____		7
_____	25	_____		8
_____	26	_____		9
_____	27	_____		10
_____	28	_____		11
_____	29	_____		12
_____	30	_____		13
_____	31	_____		14
_____	32	_____		15
_____	33	_____		16

20–25 Good   26–30 Very good   30+Excellent

Possessive Preposition שֶׁל

Dan's book — הַסֵּפֶר שֶׁל דָּן

In English, when we want to say that something belongs to a noun, we use an apostrophe and "s".

Dan's book = the book belongs to Dan
the room's windows = the windows belong to (are part of) the room.
the girl's cat = the cat belongs to the girl

In Hebrew, we use the preposition שֶׁל *of* to indicate **belonging or possession.**

The book belonging to Dan — הַסֵּפֶר שֶׁל דָּן
Dan's book

Notice that the thing possessed has a הַ before it, to show that it is a *specific* object.

The preposition שֶׁל connects the thing possessed to its owner.

Rivka's book	הַסֵּפֶר שֶׁל רִבְקָה
the student's house	הַבַּיִת שֶׁל הַתַּלְמִיד
the teacher's room	הַחֶדֶר שֶׁל הַמּוֹרֶה
Shoshana's books	הַסְּפָרִים שֶׁל שׁוֹשַׁנָּה
Uri's children	הַיְלָדִים שֶׁל אוּרִי

תַּרְגִּילִים

A. Write each phrase in English.

Jacob's notebook _____ הַמַּחְבֶּרֶת שֶׁל יַעֲקֹב 0

_____ הַכַּדּוּר שֶׁל מִרְיָם 1

_____ הָרַב שֶׁל בֵּית-הַכְּנֶסֶת 2

_____ הַמּוֹרָה שֶׁל הָאֲנָשִׁים 3

_____ הַחֲדָרִים שֶׁל בֵּית-הַסֵּפֶר 4

_____ הָאֹכֶל שֶׁל אִמָּא 5

B. Write each phrase in Hebrew.

0 David's car _____ הַמְּכוֹנִית שֶׁל דָּוִד

1 the house's mezuzah _____

2 the father's money _____

3 the boy's class _____

4 Ruth's present _____

5 the men's clothing _____

C. Make up 10 possessives by choosing a noun from group א and having it belong to a noun from group ב.

א		ב
הַדֶּלֶת		הַמֶּלֶךְ
הַטַּלִּית		הָרַב
הַקּוֹל	שֶׁל	הַמִּשְׁפָּחָה
הַתְּפִלָּה		הָעִיר
הָרְחוֹבוֹת		הַחַזָּן
הַבֵּן		הַבַּיִת

0 הַטַּלִּית שֶׁל הָרַב

1 ______

2 ______

3 ______

4 ______

5 ______

6 ______

7 ______

8 ______

9 ______

10 ______

Possessive Pronouns

my dog	הַכֶּלֶב שֶׁלִּי
his house	הַבַּיִת שֶׁלּוֹ

In English, when we want to say that **something belongs to a pronoun** (which replaces a specific person, place, or thing), we use **possessive pronouns.**

my dog	*its* (the table's) legs
your house	*our* money
his friend	*your* family
her bicycle	*their* people

In Hebrew, we also use a possessive pronoun.
This pronoun consists of שֶׁל with a personal ending.

my	שֶׁלִּי	=	שֶׁל + ◌ִי
his	שֶׁלּוֹ	=	שֶׁל + וֹ

Declension of Possessive Pronouns

Plural		Singular	
our, ours	שֶׁלָּנוּ	my, mine	שֶׁלִּי
your, yours (m.)	שֶׁלָּכֶם	your, yours (m.)	שֶׁלְּךָ
your, yours (f.)	שֶׁלָּכֶן	your, yours (f.)	שֶׁלָּךְ
their, theirs (m.)	שֶׁלָּהֶם	his	שֶׁלּוֹ
their, theirs (f.)	שֶׁלָּהֶן	her, hers	שֶׁלָּהּ

Plural		Singular	
our dog	הַכֶּלֶב שֶׁלָּנוּ	my dog	הַכֶּלֶב שֶׁלִּי
your (m.) dog	הַכֶּלֶב שֶׁלָּכֶם	your (m.) dog	הַכֶּלֶב שֶׁלְּךָ
your (f.) dog	הַכֶּלֶב שֶׁלָּכֶן	your (f.) dog	הַכֶּלֶב שֶׁלָּךְ
their (m.) dog	הַכֶּלֶב שֶׁלָּהֶם	his dog	הַכֶּלֶב שֶׁלּוֹ
their (f.) dog	הַכֶּלֶב שֶׁלָּהֶן	her dog	הַכֶּלֶב שֶׁלָּהּ

Remember:

1. **The possessive pronoun ... שֶׁלִּי, שֶׁלְּךָ always follows the noun.**

הַסֵּפֶר שֶׁלִּי
הַמּוֹרָה שֶׁלָּהֶם

2. **The noun always takes the definite article ה with the possessive pronoun.**

הַכֶּלֶב שֶׁלִּי
הַכִּסֵּא שֶׁלּוֹ

3. שֶׁלּוֹ can mean *his* or *its* (masculine).
שֶׁלָּהּ can mean *her* or *its* (feminine).

When שֶׁלּוֹ or שֶׁלָּהּ refers to an object, not a person, we translate the word as *its* — not his or her.

the dog's legs	הָרַגְלַיִם שֶׁל הַכֶּלֶב
its legs	הָרַגְלַיִם שֶׁלּוֹ
the bed's legs	הָרַגְלַיִם שֶׁל הַמִּטָּה
its legs	הָרַגְלַיִם שֶׁלָּהּ

Woman's seal inscribed IZBL (Izebel), 9th — 8th century B.C.E.

תַּרְגִּילִים

A. Write the letters **p.p.** over each possessive pronoun.

p.p.
0 His coat is red.
1 My mother is a teacher.
2 I saw his sister yesterday.
3 We are going to her Bat-Mitzvah party.
4 Its doors were open.
5 Do you understand their complaints?

Seal of Shemaryau, 8th century B.C.E.

B. Circle the Hebrew word which means the same as the English to the left.

my	0 הֶחָבֵר	שֶׁלּוֹ שֶׁלָּהֶם שֶׁלִּי
our	1 הַמֶּלֶךְ	שֶׁלָּנוּ שֶׁלִּי שֶׁלָּה
her	2 הָאֹכֶל	שֶׁלּוֹ שֶׁלָּה שֶׁלָּהֶן
your (m. pl.)	3 הָאֲנָשִׁים	שֶׁלָּהֶן שֶׁלָּכֶם שֶׁלָּכֶן
their (m. pl.)	4 הַמְּכוֹנִית	שֶׁלָּכֶם שֶׁלָּנוּ שֶׁלָּהֶם
his	5 הַקּוֹל	שֶׁלָּה שֶׁלּוֹ שֶׁלָּךְ
your (f. pl.)	6 הַכִּתָּה	שֶׁלָּכֶן שֶׁלָּהֶן שֶׁלְּךָ
your (m. s.)	7 הַגִּיר	שֶׁלָּךְ שֶׁלּוֹ שֶׁלְּךָ
their (f. pl.)	8 הַמּוֹרָה	שֶׁלָּהֶן שֶׁלָּכֶן שֶׁלָּהֶם
my	9 הַלּוּחַ	שֶׁלּוֹ שֶׁלָּה שֶׁלִּי
your (f. s.)	10 אִמָּא	שֶׁלָּךְ שֶׁלָּה שֶׁלְּךָ

C. Write each phrase in English.

0 הַבַּיִת שֶׁלִּי my house

1 הַכֶּלֶב שֶׁלּוֹ ______

2 הָאָב שֶׁלָּהֶם ______

3 הַמִּשְׁפָּחָה שֶׁלָּנוּ ______

4 הָעִיר שֶׁלָּךְ ______

5 הַכַּדּוּר שֶׁלָּהּ ______

6 הַכֶּסֶף שֶׁלָּכֶם ______

7 הַמְּנוֹרָה שֶׁלְּךָ ______

8 הָאֲרוּחָה שֶׁלִּי ______

9 הַחֲבֵרִים שֶׁלָּכֶן ______

10 הַחֶדֶר שֶׁלָּהֶן ______

D. Write the underlined word in the plural.

0 הַכֶּלֶב שֶׁלּוֹ שֶׁלָּהֶם

1 הָאָב שֶׁלִּי ______

2 הַדּוֹד שֶׁלָּךְ ______

3 הַשְּׁאֵלָה שֶׁלָּהּ ______

4 הַכְּתֹּנֶת שֶׁלָּךְ ______

5 הָעִיר שֶׁלּוֹ ______

E. Write in Hebrew.

0 My room is small. הַחֶדֶר שֶׁלִּי קָטָן.

1 Our dog is sitting. ____________

2 His father is angry. ____________

3 Her pencil is on the table. ____________

4 Your (m.s.) son is smart. ____________

5 Your (f.s.) mother is pretty. ____________

F. Write the correct possessive pronoun of the *underlined noun.* (Do this exercise orally with your teacher, and then write the answers.)

0 הַאִם זֹאת הַמְּכוֹנִית שֶׁל שׁוֹשַׁנָּה? כֵּן, זֹאת הַמְּכוֹנִית שֶׁלָּהּ.

1 הַאִם זֶה הַדּוֹד שֶׁל יַעֲקֹב? כֵּן, זֶה הַדּוֹד ________.

2 מִרְיָם, זֶה הַכַּדּוּר שֶׁלָּךְ? כֵּן, הַכַּדּוּר ________.

3 אֵיפֹה הַסְּפָרִים שֶׁל חַנָּה וְלֵאָה? הַסְּפָרִים ________ עַל הַשֻּׁלְחָן.

4 אֵיפֹה הַמַּחְבֶּרֶת שֶׁלִּי? דָּוִד, הַמַּחְבֶּרֶת ________ (your) עַל הַכִּסֵּא.

5 יְלָדִים, אֵיפֹה הַמּוֹרָה שֶׁלָּכֶם? הַמּוֹרָה ________ בַּכִּתָּה.

Verbs with ח or ע as the Third Root Letter: Present Tense

שׁוֹמֵעַ ← □וֹ□ֵ□ַ

שׁוֹמַעַת ← □וֹ□ַ□ַת

When the third root letter of a verb is a ח or an ע, **the vowel pattern changes in the masculine singular and feminine singular** forms.

Third Root Letter ח or ע		Regular
לוֹקֵחַ	שׁוֹמֵעַ	סוֹגֵר
לוֹקַחַת	שׁוֹמַעַת	סוֹגֶרֶת
לוֹקְחִים	שׁוֹמְעִים	סוֹגְרִים
לוֹקְחוֹת	שׁוֹמְעוֹת	סוֹגְרוֹת

Here are some frequently used verbs which follow this rule.

hear	שׁוֹמֵעַ
know	יוֹדֵעַ
travel	נוֹסֵעַ
forgive	סוֹלֵחַ
take	לוֹקֵחַ
open	פּוֹתֵחַ
send	שׁוֹלֵחַ

Seal impression on jar handle: [belonging] to the king Hebron.

תַּרְגִּילִים

A. Rewrite each sentence, changing the verb to agree with the new subject.

0 דָּן נוֹסֵעַ לָעִיר.

רוּת נוֹסַעַת לָעִיר.

1 דָּוִד לוֹקֵחַ סֵפֶר.

שָׂרָה

2 אֲנִי פּוֹתֵחַ אֶת הַדֶּלֶת.

הֵם

3 הוּא נוֹסֵעַ לְיִשְׂרָאֵל.

הַיְלָדוֹת

4 יַעֲקֹב יוֹדֵעַ אֶת כָּל הַמִּלִּים.

שָׁרוֹנָה

5 אַתֶּן שׁוֹמְעוֹת לְקוֹל הַשּׁוֹפָר.

אַתָּה

6 הֵם שׁוֹלְחִים מַתָּנָה יָפָה לְדוֹבָה.

דָּן

B. Write the correct present tense form of the verb.

אַתָּה	√עשה	ע ו שׂ ה (8 under שׂ)
הֵם	√לקח	___ ___ ___ ___ ___ ___ (4)
אַתְּ	√שמע	___ ___ ___ ___ ___ (1)
מֹשֶׁה	√נסע	___ ___ ___ ___ (5)
אַתֶּם	√ידע	___ ___ ___ ___ ___ ___ (7)
הִיא	√סלח	___ ___ ___ ___ ___ (2)
הַיֶּלֶד	√שאל	___ ___ ___ ___ (10)
הֵן	√ידע	___ ___ ___ ___ ___ ___ (3)
הַיְלָדִים	√אכל	___ ___ ___ ___ ___ ___ (11)
אַתֶּן	√לקח	___ ___ ___ ___ ___ ___ (6)
הוּא	√גמר	___ ___ ___ ___ (9)

Copy the letters (without vowels) from the numbered spaces into the matching spaces below.

___ ___ ___ ___ ___   ___ ___   ___ ___ ___ ___

11 10 9 8 7   6 5   4 3 2 1

Write the secret mesage. ______________________________

Translate it. ______________________________

תַּרְגִּילִים לַחֲזָרָה

A. Circle the adjective that correctly completes the sentence.

0 הַיֶּלֶד טוֹב הַטּוֹב הַטּוֹבָה טוֹבִים שָׁתָה אֶת כָּל הֶחָלָב.
1 הוּא נָתַן אֶת הַמַּתָּנָה יָפָה יָפֶה הַיָּפָה יָפִים לָאֵם שֶׁלּוֹ.
2 שָׂרָה אוֹכֶלֶת אֲרוּחוֹת קְטַנִּים הַקְּטַנּוֹת קְטַנָּה קְטַנּוֹת בַּבַּיִת.
3 רְחוֹב הַגָּדוֹל גְּדוֹלִים הַגְּדוֹלִים גָּדוֹל בְּלוֹס־אַנְגֶ'לֶס הוּא הוֹלִיווּד.
4 הוּא שָׂם אֶת הַכַּדּוּר הַחֲדָשָׁה חֲדָשִׁים חָדָשׁ הֶחָדָשׁ בַּחֶדֶר שֶׁלּוֹ.
5 בְּיוֹם חַג אֲנַחְנוּ אוֹמְרִים:
"חַג שְׂמֵחָה שָׂמֵחַ הַשָּׂמֵחַ שְׂמֵחִים ."

Brown agate seal: [belonging] to Gedalyahu son of Samakh.

B. Complete each sentence by adding an appropriate adjective.

0 יֶלֶד קָטָן הוֹלֵךְ מַהֵר.
1 יֵשׁ עֵץ ________ בַּגַּן.
2 מְכוֹנִית ________ עוֹמֶדֶת בָּרְחוֹב.
3 כֶּלֶב ________ אוֹמֵר: "הַב, הַב." (bow, wow)
4 אִשָּׁה ________ עוֹמֶדֶת עַל־יַד חֲנוּת.
5 יְלָדִים ________ חוֹזְרִים הַבַּיְתָה.

C. Circle the interrogative (question word) which best completes each sentence.

0	(אֵיפֹה)	מִי	מָה	הַכֶּלֶב שֶׁלִּי?
1	מִי	מַדּוּעַ	מָה	אַתָּה בּוֹכֶה?
2	מִי	מָה	אֵיפֹה	מְדַבֵּר בַּכִּתָּה?
3	מִי	מָה	אֵיפֹה	אַתְּ רוֹצָה לִקְנוֹת בַּחֲנוּת?
4	מַדּוּעַ	מָה	מִי	לָקַח אֶת הַמְּכוֹנִית הַקְּטַנָּה שֶׁלִּי?
5	אֵיפֹה	מָתַי	מִי	הַמַּתָּנָה שֶׁלָּךְ?
6	מִי	מָה	מָתַי	אַתָּה הוֹלֵךְ לְבֵית הַכְּנֶסֶת?
7	מָה	הַאִם	מִי	אַתֶּם יְכוֹלִים לְדַבֵּר עִבְרִית?
8	מִי	מָה	אֵיפֹה	אַתְּ רוֹצָה לֶאֱכֹל אֲרוּחַת צָהֳרַיִם?

Bar Kochba letters, written on papyrus, dealing with economic and administrative matters.

מִכְתָּב¹   ¹letter

אֲבִיגַיִל הַיְקָרָה¹!   ¹dear

בְּמִשְׁפָּחָה שֶׁלִּי חֲמִשָּׁה אֲנָשִׁים — אַבָּא, אִמָּא, אָח¹ גָּדוֹל,   ¹brother
אָחוֹת¹ קְטַנָּה וַאֲנִי.   ¹sister

כַּאֲשֶׁר אֲנִי רוֹצֶה לִרְאוֹת טֶלֶוִיזְיָה, הָאָח שֶׁלִּי עִם
5   הַחֲבֵרִים שֶׁלּוֹ אוֹמְרִים לִי: "לֵךְ¹ מִפֹּה! אַתָּה יֶלֶד קָטָן.   ¹go away!
אֲנַחְנוּ לֹא רוֹצִים אוֹתְךָ¹."   ¹you

כַּאֲשֶׁר אֲנִי הוֹלֵךְ לַחֶדֶר שֶׁלִּי, הָאָחוֹת הַקְּטַנָּה בָּאָה
וְרוֹצָה לְשַׂחֵק¹. אִם אֲנִי לֹא מְשַׂחֵק², הִיא בּוֹכָה בְּקוֹל   ¹to play ²play
גָּדוֹל וְאוֹמֶרֶת שֶׁאֲנִי יֶלֶד רַע.

10   אִמָּא צוֹעֶקֶת: "מָה אַתָּה עוֹשֶׂה לְרָחֵל? אַתָּה יֶלֶד
גָּדוֹל! וְהִיא רַק יַלְדָּה קְטַנָּה!" גַּם אֲנִי בּוֹכֶה.

אֲנִי חוֹשֵׁב שֶׁאֲנִי יֶלֶד טוֹב — אֲבָל כָּל אֶחָד תָּמִיד¹   ¹always
צוֹעֵק עָלַי¹. אֲנִי לֹא יוֹדֵעַ מָה לַעֲשׂוֹת.   ¹at me
בְּבַקָּשָׁה, אֲבִיגַיִל, תִּכְתְּבִי לִי¹.   ¹write to me!

לְהִתְרָאוֹת,
מִיכָאֵל

Challenge: Pretend you are "Dear Abby". Write an answer to Michael in Hebrew.

מִלּוֹן

letter	מִכְתָּב
brother	אָח
sister	אָחוֹת
go, go away!	לֵךְ — הלך√
to play (a game)	לְשַׂחֵק — שחק√
I, you, he play(s)	מְשַׂחֵק
always	תָּמִיד

שלי ושלנו

שני חברים, משה ויעקב, הולכים יחד. הם חברים טובים. הם
הולכים ברגל מן הבית שלהם אל הדוד של יעקב לאכול ארוחת
צָהֳרַיִם.

פתאום רואה יעקב כסף ברחוב. הוא לוקח את הכסף – עשרה
דולרים. יעקב שָׂם מהר את הכסף בכיס שלו והולך עם משה.

החברים הולכים ויעקב חושב: יש חנות על-יד הבית של הדוד שלי.
מה אני יכול לקנות בכסף? בעשרה דולרים אני יכול לקנות הרבה
דברים: אולי כדור חדש, או ספר, או מכונית קטנה.

החברים שְׂמֵחִים. משה אומר: "איזה מזל! אנחנו יכולים לקנות
הרבה דברים בכסף שלנו."
"שלנו?" שואל יעקב. "שלנו? לא! הכסף שלי ולא שלך."
משה לא עונה. החברים הולכים. פתאום הם שומעים ילדה בוכה.
"איפה הכסף שלי? איפה עשֶׂרֶת הדולרים שלי?"
משה אומר אל יעקב: "אני חושב שהכסף **שלך** הוא הכסף
שלה."

יעקב חושב: כן, הכסף שלי הוא הכסף שלה.
יעקב אומר לילדה: "הנה הכסף שלך."

5

10

15

טֶלֶפוֹן מִבְּנִי

grandma[1]	הלו, סַבְתָּא[1]. מְדַבֵּר בְּנִי.	בני:
	שָׁלוֹם, בְּנִי. מַה שְׁלוֹמְךָ?	סבתא:
	טוֹב, סַבְתָּא, טוֹב, אֲבָל ...	בני:
	אֲבָל מָה?	סבתא:
cat[1] ran away[2]	הֶחָתוּל[1] שֶׁלִּי בָּרַח[2].	בני:	5
	אוֹי, זֶה לֹא טוֹב. מַדּוּעַ בָּרַח הֶחָתוּל?	סבתא:
	הוּא בָּרַח. לֹא נָתְנוּ אֹכֶל לֶחָתוּל.	בני:
	מָה? מַדּוּעַ לֹא נָתְנוּ אֹכֶל לֶחָתוּל?	סבתא:
I was[1]	אֲנִי לֹא הָיִיתִי[1] בַּבַּיִת, סַבְתָּא.	בני:
you were[1]	אַתָּה לֹא הָיִיתָ[1] בַּבַּיִת, בְּנִי? אֵיפֹה הָיִיתָ?	סבתא:	10
hospital[1]	אֲנִי הָיִיתִי בְּבֵית־הַחוֹלִים[1].	בני:
	בֵּית־חוֹלִים! מַדּוּעַ הָיִיתָ בְּבֵית־הַחוֹלִים?	סבתא:
I broke[1]	שָׁבַרְתִּי[1] אֶת הָרֶגֶל שֶׁלִּי, סַבְתָּא.	בני:
how[1]	רַע מְאֹד! אֵיךְ[1] שָׁבַרְתָּ אֶת הָרֶגֶל?	סבתא:
I jumped[1]	שָׁבַרְתִּי אֶת הָרֶגֶל כַּאֲשֶׁר קָפַצְתִּי[1] מִן הַחַלּוֹן.	בני:	15
	בְּנִי! מַדּוּעַ קָפַצְתָּ מִן הַחַלּוֹן?	סבתא:
I saw[1] fire[2]	קָפַצְתִּי מִן הַחַלּוֹן כִּי רָאִיתִי[1] אֵשׁ[2] בַּבַּיִת.	בני:
terrible[1]	אֵשׁ בַּבַּיִת! זֶה נוֹרָא[1]! מַדּוּעַ הָיְתָה אֵשׁ בַּבַּיִת?	סבתא:
fell[1]	הָיְתָה אֵשׁ כִּי נֵרוֹת הַשַּׁבָּת נָפְלוּ[1].	בני:
	אֵיךְ הֵם נָפְלוּ?	סבתא:	20
firemen[1]	הַנֵּרוֹת נָפְלוּ כַּאֲשֶׁר מְכַבֵּי־הָאֵשׁ[1] פָּתְחוּ אֶת הַדֶּלֶת.	בני:

סַבְתָּא: מְכַבֵּי־הָאֵשׁ! מַדּוּעַ?
בֶּנִי: הֵם בָּאוּ לְהַצִּיל[1] אֶת אִמָּא. — [1] to rescue
סַבְתָּא: אִמָּא! אֵיפֹה אִמָּא?
בֶּנִי: אִמָּא הָיְתָה עַל הַגַּג[1]. — [1] roof
סַבְתָּא: מַדּוּעַ הָיְתָה אִמָּא עַל הַגַּג?
בֶּנִי: אִמָּא עָלְתָה[1] עַל הַגַּג לְהַצִּיל אֶת הֶחָתוּל. — [1] went up
סַבְתָּא: בֶּנִי, בֶּנִי, אֲנִי בָּאָה מִיָּד[1]! אֲנִי בָּאָה מִיָּד! — [1] immediately
בֶּנִי: לֹא, לֹא, סַבְתָּא, זֹאת לֹא אֱמֶת[1]. — [1] true
סַבְתָּא: מַה לֹא אֱמֶת?
בֶּנִי: זֶה סִפּוּר. אֲנִי מְסַפֵּר[1] סִפּוּר. זֹאת לֹא אֱמֶת! — [1] am telling
סַבְתָּא: אִמָּא לֹא עָלְתָה עַל הַגַּג?
בֶּנִי: לֹא.
סַבְתָּא: לֹא בָּאוּ מְכַבֵּי־הָאֵשׁ?
בֶּנִי: לֹא.
סַבְתָּא: לֹא הָיְתָה אֵשׁ בַּבַּיִת?
בֶּנִי: לֹא.
סַבְתָּא: לֹא קָפַצְתָּ מִן הַחַלּוֹן וְשָׁבַרְתָּ אֶת הָרֶגֶל?
בֶּנִי: לֹא.
סַבְתָּא: הֶחָתוּל לֹא בָּרַח?
בֶּנִי: לֹא.
סַבְתָּא: אַתָּה יֶלֶד רַע, בֶּנִי! מַדּוּעַ אַתָּה מְסַפֵּר סִפּוּרִים?
בֶּנִי: סְלִיחָה, סַבְתָּא. סַבְתָּא ...
סַבְתָּא: נוּ?
בֶּנִי: אַתְּ כּוֹעֶסֶת?
סַבְתָּא: לֹא, עַכְשָׁו אֲנִי לֹא כּוֹעֶסֶת.
בֶּנִי: אַתְּ שְׂמֵחָה עַכְשָׁו?
סַבְתָּא: כֵּן, אֲנִי שְׂמֵחָה.
בֶּנִי: אַתְּ בֶּאֱמֶת שְׂמֵחָה?
סַבְתָּא: כֵּן, אֲנִי בֶּאֱמֶת שְׂמֵחָה.
בֶּנִי: סַבְתָּא, עַכְשָׁו אֲנִי מְסַפֵּר אֶת הָאֱמֶת.
קָרָה[1] דָּבָר רַע. — [1] happened
סַבְתָּא: מַה קָּרָה?
בֶּנִי: רַע מְאֹד.
סַבְתָּא: מָה רַע מְאֹד?
בֶּנִי: הַמּוֹרֶה נָתַן לִי "F" בְּמָתֵמָטִיקָה[1]. — [1] mathematics

מִלּוֹן

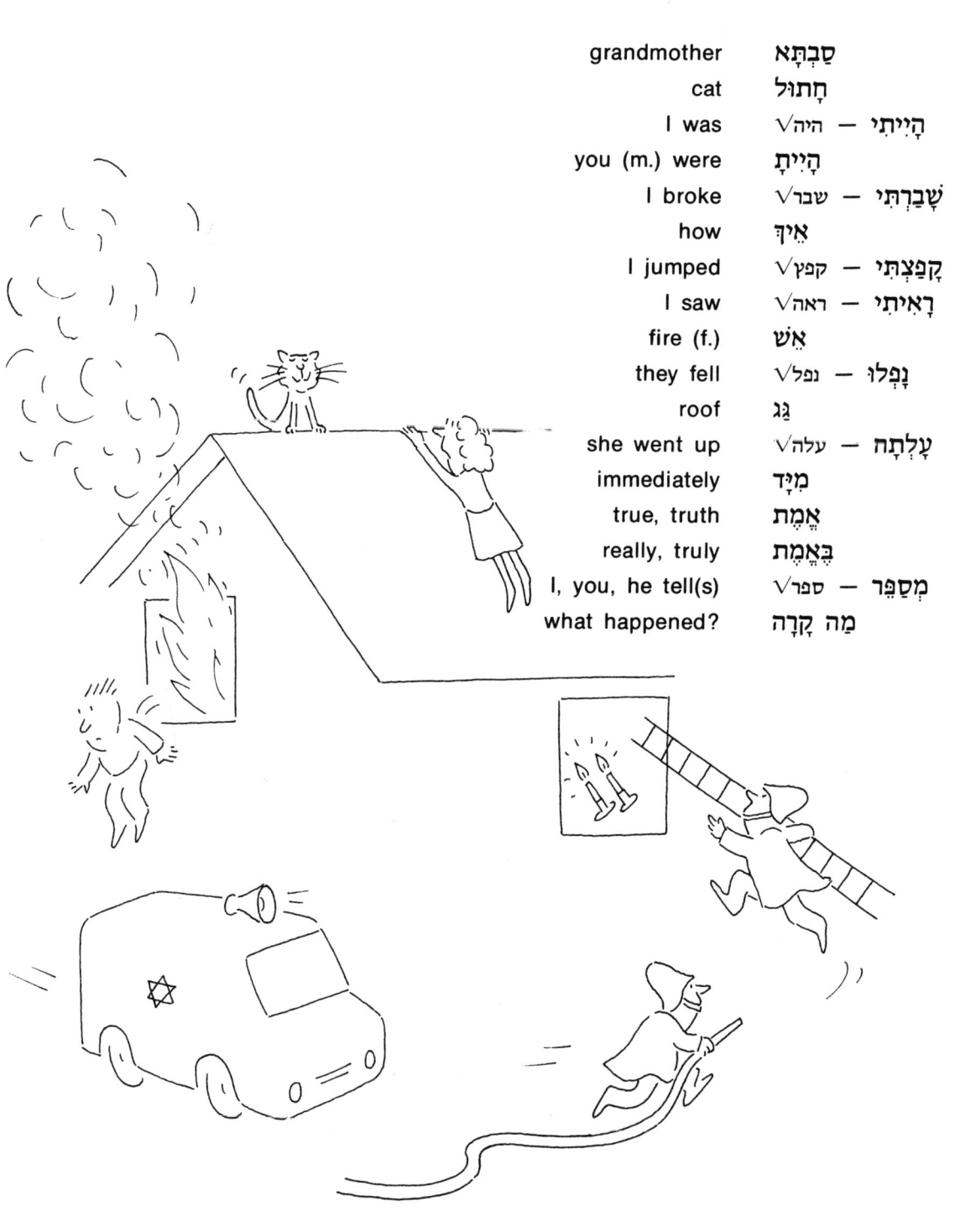

grandmother	סַבְתָּא
cat	חָתוּל
I was	הָיִיתִי – היה√
you (m.) were	הָיִיתָ
I broke	שָׁבַרְתִּי – שבר√
how	אֵיךְ
I jumped	קָפַצְתִּי – קפץ√
I saw	רָאִיתִי – ראה√
fire (f.)	אֵשׁ
they fell	נָפְלוּ – נפל√
roof	גַּג
she went up	עָלְתָה – עלה√
immediately	מִיָּד
true, truth	אֱמֶת
really, truly	בֶּאֱמֶת
I, you, he tell(s)	מְסַפֵּר – ספר√
what happened?	מַה קָרָה

תַּרְגִּילִים

A. Circle the phrase that best completes the sentence according to the story.

0 בֶּנִי מְדַבֵּר עִם
א. אִמָּא שֶׁלּוֹ.
ב. הַמּוֹרֶה שֶׁלּוֹ.
(ג.) סַבְתָּא שֶׁלּוֹ.
ד. מְכַבֵּי־הָאֵשׁ.

1 הֶחָתוּל שֶׁל בֶּנִי בָּרַח כִּי
א. לֹא הָיָה אֹכֶל.
ב. הָיְתָה אֵשׁ בַּבַּיִת.
ג. הוּא רָאָה כֶּלֶב.
ד. פָּתְחוּ אֶת הַחַלּוֹן.

2 בֶּנִי הָלַךְ לְבֵית־הַחוֹלִים כִּי
א. הֶחָתוּל בָּרַח.
ב. הוּא שָׁבַר אֶת הָרֶגֶל.
ג. הוּא לֹא אָכַל.
ד. הָיְתָה אֵשׁ בַּבַּיִת.

3 הַנֵּרוֹת נָפְלוּ כִּי
א. בֶּנִי קָפַץ עַל הַשֻּׁלְחָן.
ב. הֶחָתוּל קָפַץ עַל הַנֵּרוֹת.
ג. אִמָּא לָקְחָה אֶת הֶחָתוּל.
ד. מְכַבֵּי־הָאֵשׁ פָּתְחוּ אֶת הַדֶּלֶת.

4 מְכַבֵּי־הָאֵשׁ בָּאוּ אֶל הַבַּיִת
א. כִּי הָיְתָה אֵשׁ בַּבַּיִת.
ב. כִּי בֶּנִי שָׁבַר אֶת הָרֶגֶל שֶׁלּוֹ.
ג. לְהַצִּיל אֶת אִמָּא מִן הַגַּג.
ד. לְהַצִּיל אֶת הֶחָתוּל מִן הַגַּג.

5 סַבְתָּא כּוֹעֶסֶת כִּי בֶּנִי
א. בָּרַח מִן הַבַּיִת.
ב. קָפַץ מִן הַחַלּוֹן.
ג. לֹא נָתַן אֹכֶל לֶחָתוּל.
ד. לֹא מְסַפֵּר אֶת הָאֱמֶת.

6 זֹאת הָאֱמֶת:
א. סַבְתָּא שָׁבְרָה אֶת הָרֶגֶל.
ב. בֶּנִי לֹא יוֹדֵעַ מָתֶמָטִיקָה.
ג. אִמָּא הָיְתָה בְּבֵית־הַחוֹלִים.
ד. הֶחָתוּל אָכַל הַרְבֵּה.

B. Answer the following questions.

0 מִי מְדַבֵּר בַּטֶּלֶפוֹן? בֶּנִי מְדַבֵּר בַּטֶּלֶפוֹן.

1 מִי בָּרַח? בָּרַח.

2 מִי קָפַץ מִן הַחַלּוֹן? קָפַץ מִן הַחַלּוֹן.

3 מִי בָּאוּ אֶל הַבַּיִת? בָּאוּ אֶל הַבַּיִת.

4 מִי עָלְתָה עַל הַגַּג? עָלְתָה עַל הַגַּג.

5 מִי שׁוֹמַעַת סִפּוּר וְכוֹעֶסֶת? שׁוֹמַעַת סִפּוּר וְכוֹעֶסֶת.

C. Find and copy the sentence from the story which tells you:

0 בֶּנִי מְדַבֵּר אֶל סַבְתָּא.

סַבְתָּא, מְדַבֵּר בֶּנִי.

1 מַדּוּעַ בֶּנִי לֹא נָתַן אֹכֶל לֶחָתוּל שֶׁלּוֹ.

2 מֶה עָשָׂה בֶּנִי כַּאֲשֶׁר רָאָה אֶת הָאֵשׁ.

3 מְכַבֵּי־הָאֵשׁ בָּאוּ אֶל הַבַּיִת בְּשַׁבָּת.

4 כָּל מַה שֶּׁבֶּנִי מְסַפֵּר לֹא הָיָה אֱמֶת.

5 בֶּנִי לֹא יוֹדֵעַ הַרְבֵּה מָתֵמָטִיקָה.

Past Tense, עָבָר

אֲנִי גָּמַרְתִּי	אֲנַחְנוּ גָּמַרְנוּ
אַתָּה גָּמַרְתָּ	אַתֶּם גְּמַרְתֶּם
אַתְּ גָּמַרְתְּ	אַתֶּן גְּמַרְתֶּן
הוּא גָּמַר	הֵם גָּמְרוּ
הִיא גָּמְרָה	הֵן גָּמְרוּ

You already know that the **base form** of the verb (**third person masculine singular, הוּא**) consists of

√גמר	a root
□ָ□ַ□	a vowel pattern
הוּא גָּמַר	

You also know that the **other third person verbs** are formed as follows:

הִיא □ָ□ְ□ָה	גָּמְרָה
הֵם, הֵן □ָ□ְ□וּ	גָּמְרוּ

The **first and second person verbs** are similarly formed by adding a suffix (ending) to the base form.

אֲנִי	□ָ□ַ□ְ**תִּי**	גָּמַרְתִּי
אַתָּה	□ָ□ַ□ְ**תָּ**	גָּמַרְתָּ
אַתְּ	□ָ□ַ□ְ**תְּ**	גָּמַרְתְּ

אֲנַחְנוּ	□ָ□ַ□ְ**נוּ**	גָּמַרְנוּ
אַתֶּם	□ְ□ַ□ְ**תֶּם**	גְּמַרְתֶּם
אַתֶּן	□ְ□ַ□ְ**תֶּן**	גְּמַרְתֶּן

Note:

1. The vowel pattern under the first two letters of the שֹׁרֶשׁ is retained throughout much of the past tense.

2. A suffix is attached to the end of each root, with the exception of הוּא.

3. In the second person plural, the vowel pattern changes slightly under the 1st root letter. We find a שְׁוָא ◻ְ instead of a קָמַץ ◻ָ.

4. There is a strong resemblance between the verb suffix (ending) and the final sound of the first and second person pronouns.

אֲנִי	◻◻◻תִּי	אֲנַחְנוּ	◻◻◻נוּ
אַתָּה	◻◻◻תָּ	אַתֶּם	◻◻◻תֶּם
אַתְּ	◻◻◻תְּ	אַתֶּן	◻◻◻תֶּן

These clues will help you remember the past tense endings. **If you remember the pronoun — it's easier to remember the appropriate verb suffix.**

Pottery idols worshipped in Canaan.

תַּרְגִּילִים

A. Write the pronoun that goes with the verb.

0 הוא ______ גָּמַר אֶת הַסִּפּוּר.

1 ______ נָתְנָה סֵפֶר לַיֶּלֶד.

2 ______ פָּתְחוּ אֶת הַדֶּלֶת.

3 ______ אָכַלְתִּי אֹכֶל טוֹב.

4 ______ יְשַׁבְתֶּם בַּחֶדֶר.

5 ______ לָמַדְתְּ עִבְרִית.

6 ______ קָפְצוּ עַל הַגַּג.

7 ______ אָמַרְנוּ "שָׁלוֹם".

8 ______ לָקַחְתָּ אֶת הַכֶּסֶף.

9 ______ נְפַלְתֶּן מִן הָעֵץ.

10 ______ הָלַךְ לְהַצִּיל אֶת הֶחָתוּל.

B. Fill in the verb form that agrees with the new subject in the second half of the sentence.

0 הִיא כָּתְבָה מִכְתָּב, וְהוּא כָּתַב ______ סֵפֶר.

1 הוּא יָשַׁב בַּחֶדֶר, וְהִיא ______ בַּבַּיִת.

2 סַבְתָּא פָּתְחָה אֶת הַדֶּלֶת, וְאַבָּא ______ אֶת הַחַלּוֹן.

3 אֲנַחְנוּ אָכַלְנוּ לֶחֶם, וְהֵם ______ בָּשָׂר.

4 הַיְלָדִים לָקְחוּ כֶּסֶף, וְהַיְלָדוֹת ______ אֹכֶל.

5 אַתֶּם נְפַלְתֶּם בָּרְחוֹב, וְאַתֶּן __________ בַּבַּיִת.

6 אַתָּה גָּמַרְתָּ אֶת הָעֲבוֹדָה, וְאַתְּ __________ אֶת הָאֲרוּחָה.

7 אַתֶּם סְגַרְתֶּם אֶת הַסֵּפֶר, וַאֲנַחְנוּ __________ אֶת הַמַּחְבֶּרֶת.

8 אַתְּ לָמַדְתְּ אַנְגְּלִית, וַאֲנִי __________ עִבְרִית.

9 הִיא שָׁבְרָה אֶת הַנֵּר, וְהוּא __________ אֶת הַמְּנוֹרָה.

10 דָּוִד יָשַׁב עַל הַכִּסֵּא, וְאֶסְתֵּר __________ עַל הַשֻּׁלְחָן.

C. Write each sentence in the past tense.

0 בְּנִי אוֹמֵר ״שָׁלוֹם״ לְאִמָּא. בְּנִי אָמַר ״שָׁלוֹם״ לְאִמָּא.

1 הַיְלָדִים גּוֹמְרִים אֲרוּחַת־צָהֳרַיִם. __________

2 אַתֶּם שׁוֹבְרִים אֶת הַמַּתָּנָה. __________

3 דָּנִי אוֹהֵב אֶת הֶחָתוּל. __________

4 הָאֲנָשִׁים נוֹתְנִים כֶּסֶף. __________

5 דִּינָה אוֹכֶלֶת מַהֵר. __________

6 אֲנַחְנוּ שׁוֹמְעִים כֶּלֶב. __________

7 אֲנִי יוֹשֵׁב בַּבַּיִת. __________

8 מַדּוּעַ אַתָּה כּוֹעֵס? __________

D. Fill in the blank spaces on the verb chart.

	√גמר	√שבר	√קפץ	√נפל
אֲנִי	גָּמַרְתִּי			
אַתָּה	גָּמַרְתָּ			
אַתְּ	גָּמַרְתְּ			
הוּא	גָּמַר			
הִיא	גָּמְרָה			
אֲנַחְנוּ	גָּמַרְנוּ			
אַתֶּם	גְּמַרְתֶּם			
אַתֶּן	גְּמַרְתֶּן			
הֵם—הֵן	גָּמְרוּ			

E. Circle the verb that doesn't belong in each group of four. Be prepared to give your reason orally.

0 אוֹכֵל יוֹשֵׁב (לוֹמֶדֶת) כּוֹתֵב

Reason: All are *m.s.*, except לוֹמֶדֶת which is *f.s.*.

1 גּוֹמְרִים לָמְדוּ לָקְחוּ פָּתְחוּ
2 נָתַן נָפַל גָּנַב עוֹמֵד
3 פָּתַחְנוּ נָתְנוּ כָּתַבְנוּ סָגַרְנוּ
4 לֶאֱכֹל לִרְאוֹת סוֹלְחוֹת לִקְנוֹת
5 שָׁמַע עוֹנֶה קוֹנֶה שׁוֹתֶה

F. Write the correct past tense form of the שֹׁרֶשׁ.

0 הוּא סגר√ ___סָגַר___ אֶת הַחַלּוֹן.

1 סַבְתָּא אמר√ ________ "כֵּן, אֲנִי שְׂמֵחָה."

2 הֶחָתוּל לֹא אמר√ ________ דָּבָר.

3 הָאָחוֹת שֶׁלִּי פתח√ ________ אֶת הַדֶּלֶת.

4 אַתָּה כתב√ ________ סִפּוּר יָפֶה.

5 הַתַּלְמִידוֹת גמר√ ________ אֶת הַסִּפּוּר.

6 אֲנַחְנוּ למד√ ________ עִבְרִית בְּבֵית-הַסֵּפֶר.

7 בְּנִי וְאִמָּא הלך√ ________ לִקְנוֹת כֶּלֶב.

8 הָאֵם ירד√ ________ מִן הַגַּג.

9 אֲנִי לָקַחְתִּי אֶת הַכַּדּוּר וְ קפץ√ ________.

10 אַתֶּם לקח√ ________ לֶחֶם וּגְבִינָה?

Jewelry from the period of the Patriarchs, second millennium B.C.E.

G. Read the passage. Then rewrite it, changing the subject to

1 אֲנִי
2 דִּינָה
3 הַיְלָדִים

דָּן יָשַׁב בַּבַּיִת וְאָכַל. הוּא לָקַח אֶת הַסְּפָרִים, פָּתַח אֶת הַדֶּלֶת, וְהָלַךְ לְבֵית-הַסֵּפֶר. שָׁם לָמַד הִסְטוֹרְיָה וְאַנְגְּלִית. כַּאֲשֶׁר הָלַךְ הַבַּיְתָה, נָפַל וְשָׁבַר אֶת הָרֶגֶל.

1 יָשַׁבְתִּי ______

2 דִּינָה יָשְׁבָה ______

3 הַיְלָדִים יָשְׁבוּ ______

Salt formations in the Dead Sea, north of Sodom.

תַּרְגִּילִים לַחֲזָרָה

A. Find 5 verb sentences in the story and write them here. Underline the subject, and circle the verb.

0. הֶחָתוּל שֶׁלִּי בָּרַח.
1. __________
2. __________
3. __________
4. __________
5. __________

B. Find 5 noun sentences in the story and write them here. Underline the subject.

0. אֵיפֹה אִמָּא?
1. __________
2. __________
3. __________
4. __________
5. __________

C. Find 5 interrogative sentences in the story and write them here. Underline the question word.

0 מַה שְּׁלוֹמְךָ?

1 ____________________

2 ____________________

3 ____________________

4 ____________________

5 ____________________

D. Insert the form of שֶׁל which means the same as the English word to the left. If you are correct, each two lines will rhyme!

his	0 רוּת שׁוֹאֶלֶת: "אֵיפֹה הָיָה הֶחָתוּל שֶׁלּוֹ?"
your (m.s.)	1 לָקַחְתָּ אֶת הַיַּיִן ________ וְאָמַרְתָּ בְּרָכָה.
our	2 בַּמְּכוֹנִית הַחֲדָשָׁה ________ נָסַעְנוּ וְנָסַעְנוּ.
her	3 תַּלְמִידָה מְשַׂחֶקֶת בַּכִּתָּה ________, וּפִתְאֹם צוֹעֲקִים: "הַמּוֹרָה בָּאָה!"
my	4 בַּמַּחְבֶּרֶת ________, סִפּוּר יָפֶה כָּתַבְתִּי.
your (m.pl.)	5 אַתֶּם עוֹשִׂים אֶת הַשִּׁעוּרִים ________, כִּי כָּל הַיּוֹם יוֹרֵד גֶּשֶׁם.

E. Translate each English word into Hebrew in the spaces given. If you are correct you will be able to answer the question at the end of the exercise.

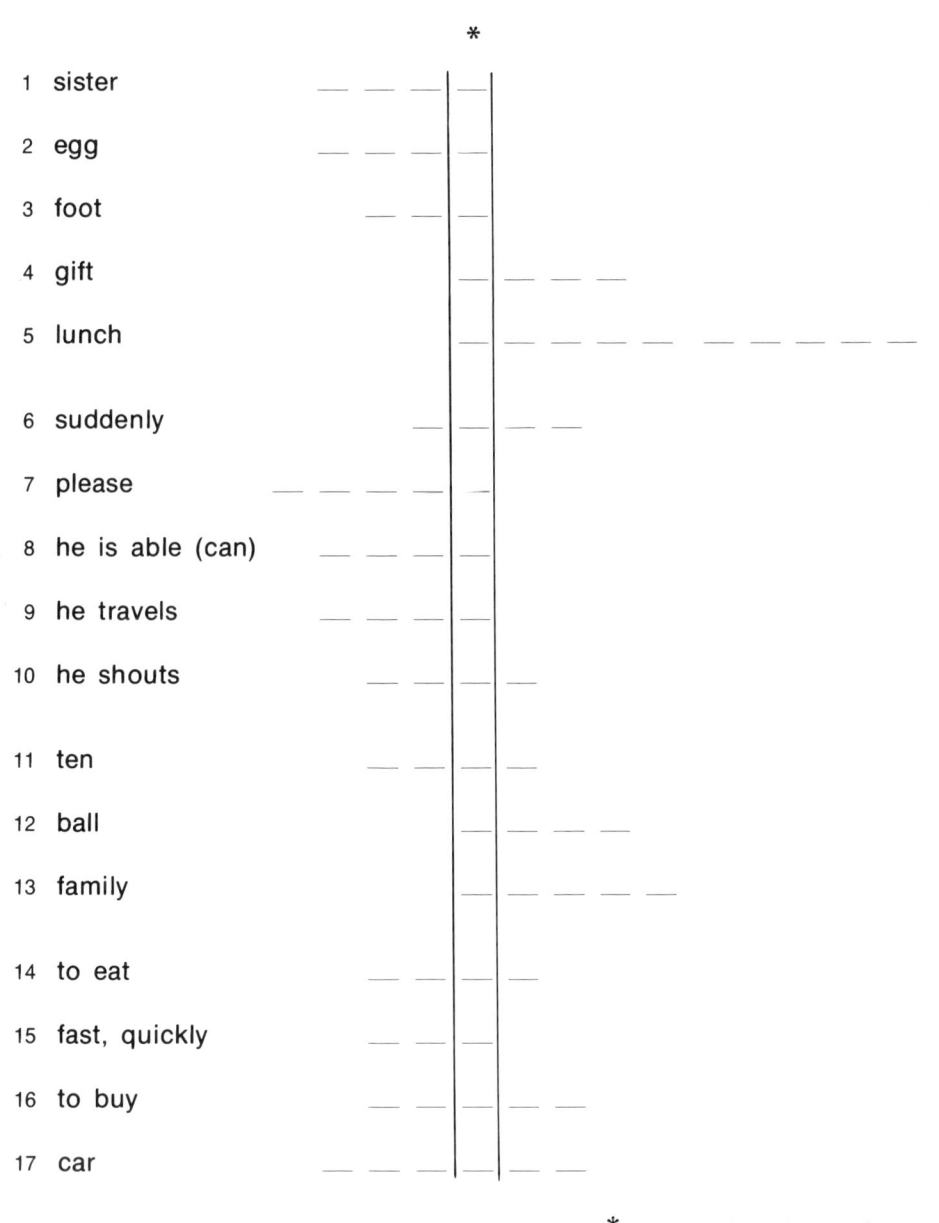

*

1 sister

2 egg

3 foot

4 gift

5 lunch

6 suddenly

7 please

8 he is able (can)

9 he travels

10 he shouts

11 ten

12 ball

13 family

14 to eat

15 fast, quickly

16 to buy

17 car

What two important people are hidden in the * column? Write their names.

_____ 2   _____ 1

F. Choose one word from group א and a word or phrase from group ב
    to form a correct Hebrew sentence.

ב		א
מְסַפֵּר סִפּוּר	חָתוּל	זֶה
פָּתְחוּ אֶת הַחַלּוֹן	צָרִיךְ לִלְמֹד	הוּא
לֹא אוֹכְלִים עַכְשָׁו	קָפְצָה מִן הַחַלּוֹן	סַבְתָּא
חוֹשֶׁבֶת עַל הַסִּפּוּר	הָיְתָה שְׂמֵחָה	אִמָּא וְאַבָּא
כּוֹעֵס	נָפַל	

.

0 ___ זֶה חָתוּל. ___

1 _____

2 _____

3 _____

4 _____

5 _____

6 _____

7 _____

8 _____

9 _____

10 _____

הַמִּשְׁפָּחָה

father	אַבָּא, אָב
mother	אִמָּא, אֵם
parents	הוֹרִים
son	בֵּן, בָּנִים
daughter	בַּת, בָּנוֹת
brother	אָח, אַחִים
sister	אָחוֹת, אֲחָיוֹת
grandfather	סַבָּא
grandmother	סַבְתָּא
uncle	דּוֹד, דּוֹדִים
aunt	דּוֹדָה, דּוֹדוֹת
cousin (m.)	בֶּן־דּוֹד, בְּנֵי־דּוֹד
cousin (f.)	בַּת־דּוֹד, בְּנוֹת־דּוֹד

טֶלֶפוֹן לִסְדוֹם

וַיִּגַּשׁ אַבְרָהָם וַיֹּאמַר: ״הַאַף תִּסְפֶּה צַדִּיק
עִם רָשָׁע?
אוּלַי יֵשׁ חֲמִשִּׁים צַדִּיקִים בְּתוֹךְ הָעִיר.
וְלֹא תִּשָּׂא לַמָּקוֹם לְמַעַן חֲמִשִּׁים הַצַּדִּיקִים?״

בְּרֵאשִׁית י״ח: כ״ג–כ״ד

And Abraham approached and said:
"Will You destroy the righteous along with the wicked?
Perhaps there are fifty righteous within the city.
Will You not forgive the place for the fifty righteous that are therein?"

(Genesis 18:23–24)

רְ רְ רְ רְ רְ........... (ring)

אַבְרָהָם: הַלּוֹ, מוֹדִיעִין[1]? — [1] information
מוֹדִיעִין: מוֹדִיעִין, שָׁלוֹם.
אַבְרָהָם: אֲנִי רוֹצֶה אֶת מִסְפַּר[1] הַטֶּלֶפוֹן שֶׁל מִשְׁפַּחַת צַדִּיק[1] בָּעִיר סְדוֹם. — [1] number; [1] righteous
מוֹדִיעִין: מַה שֵּׁם הָעִיר?
אַבְרָהָם: סְדוֹם. ס, ד, ו, ם.
מוֹדִיעִין: וּמַה שֵּׁם הַמִּשְׁפָּחָה?
אַבְרָהָם: צַדִּיק. צ, ד, י, ק.
מוֹדִיעִין: מִסְפַּר הַטֶּלֶפוֹן: אַרְבַּע – שֵׁשׁ – שָׁלֹשׁ – תֵּשַׁע[1] – שְׁמוֹנֶה[2] – חָמֵשׁ – שְׁתַּיִם. — [1] nine; [2] eight
אַבְרָהָם: תּוֹדָה רַבָּה.

רְ רְ רְ רְ רְ...........

גְּבֶרֶת: הַלּוֹ.
אַבְרָהָם: הַלּוֹ, גְּבֶרֶת צַדִּיק? מְדַבֵּר אַבְרָהָם אָבִינוּ.
גְּבֶרֶת: מִי?
אַבְרָהָם: אַבְרָהָם, אַבְרָהָם אָבִינוּ. א, ב, ר, ה, ם.
גְּבֶרֶת: מִי?

אַבְרָהָם: הַאִם זֹאת מִשְׁפַּחַת צַדִּיק? אַרְבַּע – שֵׁשׁ –
שָׁלֹשׁ – תֵּשַׁע – שְׁמֹנֶה – חָמֵשׁ – שְׁתַּיִם?

גְּבֶרֶת: לֹא, אֵין כָּאן[1] מִשְׁפַּחַת צַדִּיק. כָּאן גָּרָה
מִשְׁפַּחַת רָשָׁע[1].

אַבְרָהָם: סְלִיחָה, גְּבֶרֶת רָשָׁע. שָׁלוֹם.

[1] here
[1] wicked

20

רְ רְ רְ רְ רְ............

אַבְרָהָם: הַלּוֹ, מוֹדִיעִין?

מוֹדִיעִין: מוֹדִיעִין, שָׁלוֹם.

אַבְרָהָם: בִּקַּשְׁתִּי[1] אֶת מִסְפַּר הַטֶּלֶפוֹן שֶׁל מִשְׁפַּחַת צַדִּיק בָּעִיר סְדוֹם, אֲבָל נָתְנוּ לִי מִסְפַּר הַטֶּלֶפוֹן שֶׁל מִשְׁפַּחַת רָשָׁע.

מוֹדִיעִין: רַק רֶגַע, אֲדוֹנִי[1]. אֵין מִשְׁפַּחַת צַדִּיק בִּסְדוֹם.

אַבְרָהָם: אֵין? אֲפִילוּ[1] מִשְׁפָּחָה אַחַת? אֲנִי בָּטוּחַ[1] שֶׁיֵּשׁ צַדִּיק אֶחָד בִּסְדוֹם.

מוֹדִיעִין: אֵין צַדִּיק בָּעִיר סְדוֹם, אֲדוֹנִי.

[1] asked for
[1] sir
[1] even
[1] certain

רְ רְ רְ רְ רְ............

קוֹל: שָׁלוֹם!

אַבְרָהָם: שָׁלוֹם, אֱלֹהִים. מְדַבֵּר אַבְרָהָם. אֵין צַדִּיק אֶחָד בְּכָל הָעִיר סְדוֹם. עֲשֵׂה[1] מַה שֶּׁאַתָּה רוֹצֶה!

[1] do!

מִלּוֹן

צַדִּיק	righteous
רָשָׁע	wicked
כָּאן	here
בִּקַּשְׁתִּי — בקש√	I asked for
אֲדוֹנִי	sir
גְּבֶרֶת	Ms., lady, Mrs.
מִסְפָּר	number

טלפון מבני

בני: הלו, סבתא. מדבר בני.

סבתא: שלום, בני. מה שלומך?

בני: טוב, סבתא, טוב, אבל...

סבתא: אבל מה?

בני: החתול שלי ברח. 5

סבתא: אוי, זה לא טוב. מדוע ברח החתול?

בני: הוא ברח. לא נתנו אוכל לחתול.

סבתא: מה? מדוע לא נתנו אוכל לחתול?

בני: אני לא הייתי בבית, סבתא.

סבתא: אתה לא הייתָ בבית, בני? איפה היית? 10

בני: אני הייתי בבית-החולים.

סבתא: בית-חולים! מדוע היית בבית-החולים?

בני: שברתי את הרגל שלי, סבתא.

סבתא: רע מאוד! איך שברתָ את הרגל?

בני: שברתי את הרגל כאשר קפצתי מן החלון. 15

סבתא: בני! מדוע קפצתָ מן החלון?

בני: קפצתי מן החלון כי ראיתי אֵש בבית.

סבתא: אש בבית! זה נורא! מדוע הייתה אש בבית?

בני: הייתה אש כי נרות השבת נפלו.

סבתא: איך הם נפלו? 20

בני: הנרות נפלו כאשר מְכַבֵּי-הָאֵש פתחו את הדלת.

סבתא: מכבי-האש! מדוע?

בני: הם באו להציל את אמא.

סבתא: אמא! איפה אמא?

בני: אמא הייתה על הגג. 25

סבתא: מדוע הייתה אמא על הגג?

בני: אמא עָלְתָה על הגג להציל את החתול.

סבתא: בני, בני, אני באה מיָד! אני באה מיד!

בני: לא, לא, סבתא. זאת לא אמת.

סבתא: מה לא אמת? 30

בני: זה סיפור. אני מספר סיפור. זאת לא אמת.

סבתא: אמא לא עלתה על הגג?

בני: לא.

סבתא: לא באו מכבי־האש?
בני: לא.
סבתא: לא הייתה אש בבית?
בני: לא.
סבתא: לא קפצתָ מן החלון ושברתָ את הרגל?
בני: לא.
סבתא: החתול לא ברח?
בני: לא.
סבתא: אתה ילד רע, בני! מדוע אתה מסַפר סיפורים?.
בני: סליחה, סבתא. סבתא ...
סבתא: נו?
בני: אַתְּ כועסת?
סבתא: לא, עכשיו אני לא כועסת.
בני: את שמֵחה עכשיו?
סבתא: כן, אני שמחה.
בני: את באמת שמחה?
סבתא: כן, אני באמת שמחה.
בני: סבתא, עכשיו אני מסַפר את האמת. קרה דבר רע.
סבתא: מה קרה?
בני: רע מאוד.
סבתא: מה רע מאוד?
בני: המורה נתן לי "F" במָתמָטיקה.

8 יְחִידָה

שֶׁל מִי הַכֶּסֶף?

פַּעַם[1] הָיוּ שְׁנֵי מוֹכְרִים[2] בַּשּׁוּק: שִׁמְעוֹן מָכַר[3] שֶׁמֶן[1] וּבִנְיָמִין מָכַר יַיִן. הֵם הָיוּ שְׁכֵנִים[2]. לֹא הָיָה קִיר[1] בֵּין[2] הַחֲנוּת שֶׁל שִׁמְעוֹן לַחֲנוּת שֶׁל בִּנְיָמִין.

[1]once [2]sellers [3]sold
[1]oil [2]neighbors
[1]wall [2]between

פַּעַם אַחַת, מוֹכֵר אֶחָד רָאָה אֶת הַשָּׁכֵן שֶׁלּוֹ סוֹפֵר[1] מַטְבְּעוֹת[1]. הוּא סָפַר וְסָפַר: שֵׁשׁ מֵאוֹת וְעֶשְׂרִים[1] (620) מַטְבְּעוֹת שֶׁל כֶּסֶף. אַחַר־כָּךְ[2] שָׂם אֶת הַמַּטְבְּעוֹת בְּשַׂק[1] שָׁחוֹר[2], וְשָׂם אֶת הַשַּׂק בְּאָרוֹן[1].

[1]counting
[1]coins
[1]twenty [2]afterwards
[1]sack [2]black
[1]closet

בָּעֶרֶב יָצָא[1] בִּנְיָמִין מִן הַחֲנוּת שֶׁלּוֹ וְצָעַק בְּקוֹל:
"גַּנָּבִים[1]! גַּנָּבִים גָּנְבוּ[2] אֶת הַכֶּסֶף שֶׁלִּי!"
בָּאוּ שׁוֹטְרִים[1] וְשָׁאֲלוּ: "אֵיפֹה הָיָה הַכֶּסֶף?"
בִּנְיָמִין עָנָה: "בְּשַׂק שָׁחוֹר."
שָׁאֲלוּ: "כַּמָּה כֶּסֶף הָיָה בַּשַּׂק?"
בִּנְיָמִין עָנָה: "שֵׁשׁ מֵאוֹת וְעֶשְׂרִים מַטְבְּעוֹת."

[1]went out
[1]thieves [2]stole
[1]police

הַשּׁוֹטְרִים חִפְּשׂוּ[1] בְּכָל הַשּׁוּק. בַּחֲנוּת שֶׁל שִׁמְעוֹן מָצְאוּ שַׂק שָׁחוֹר וּבוֹ[1] שֵׁשׁ מֵאוֹת וְעֶשְׂרִים מַטְבְּעוֹת כֶּסֶף.

[1]searched
[1]in it

שִׁמְעוֹן אָמַר: ״זֶה הַכֶּסֶף שֶׁלִּי! בִּנְיָמִין רוֹצֶה לִגְנֹב אֶת הַכֶּסֶף שֶׁלִּי.״

בִּנְיָמִין אָמַר: ״הַכֶּסֶף שֶׁלִּי! שִׁמְעוֹן גָּנַב אֶת הַכֶּסֶף שֶׁלִּי!״

שְׁנֵי הַמּוֹכְרִים בָּאוּ לִפְנֵי שׁוֹפֵט[1]. הַשּׁוֹפֵט שָׁמַע אֶת הַסִּפּוּר.

הַשּׁוֹפֵט שָׁאַל אֶת שִׁמְעוֹן: ״מָה אַתָּה מוֹכֵר?״

שִׁמְעוֹן עָנָה: ״שֶׁמֶן.״

הַשּׁוֹפֵט שָׁאַל אֶת בִּנְיָמִין: ״מָה אַתָּה מוֹכֵר?״

בִּנְיָמִין עָנָה: ״יַיִן.״

[1] judge

הַשּׁוֹפֵט אָמַר לְהָבִיא[1] מַיִם חַמִּים.
הוּא שָׂם אֶת הַמַּטְבְּעוֹת בַּמַּיִם.
אַחַר־כָּךְ אָמַר הַשּׁוֹפֵט: "הַכֶּסֶף שֶׁל שִׁמְעוֹן."
הָאֲנָשִׁים שָׁאֲלוּ: אֵיךְ אַתָּה יוֹדֵעַ?"

[1] to bring

* * *

אֵיךְ יָדַע הַשּׁוֹפֵט כִּי הַכֶּסֶף שֶׁל שִׁמְעוֹן? הַאִם אַתָּה יוֹדֵעַ?

Turn to p. 167 for the solution.

מִלּוֹן

פַּעַם, פַּעַם אַחַת	once
מָכַר — מכר√	he sold
שֶׁמֶן	oil
קִיר	wall
בֵּין	between
עֶשְׂרִים	twenty
אַחַר־כָּךְ	afterwards
שָׁחוֹר	black
אָרוֹן	closet
יָצָא — יצא√	he went out
גַּנָּב, גַּנָּבִים	thief
גָּנְבוּ — גנב√	they stole
לְהָבִיא — בוא√	to bring
מָצְאוּ — מצא√	they found
שׁוֹפֵט	judge

תַּרְגִּילִים

A. Circle the phrase that best completes each sentence.

0 בַּשּׁוּק הָיוּ שְׁנֵי (ב.) מוֹכְרִים. א. מוֹרִים. ג. אַחִים.

1 הַכֶּסֶף הָיָה
א. בְּשַׂק שָׁחוֹר בָּאָרוֹן שֶׁל שִׁמְעוֹן.
ב. בְּשַׂק שָׁחוֹר בָּאָרוֹן שֶׁל בִּנְיָמִין.
ג. בְּשַׂק שָׁחוֹר בָּאָרוֹן שֶׁל הַשּׁוֹפֵט.

2 בַּשַּׂק הָיוּ
א. שֵׁשׁ מֵאוֹת תִּשְׁעִים וּשְׁנַיִם מַטְבְּעוֹת.
ב. שֵׁשׁ מֵאוֹת וְעֶשְׂרִים מַטְבְּעוֹת.
ג. תְּשַׁע מֵאוֹת עֶשְׂרִים וְשִׁשָּׁה מַטְבְּעוֹת.

3 בִּנְיָמִין יָדַע שֶׁיֵּשׁ כֶּסֶף בַּחֲנוּת שֶׁל שִׁמְעוֹן כִּי
א. הוּא רָאָה אֶת שִׁמְעוֹן סוֹפֵר אֶת הַכֶּסֶף.
ב. שִׁמְעוֹן אָמַר: "יֵשׁ לִי הַרְבֵּה מַטְבְּעוֹת."
ג. הוּא לָקַח אֶת הַכֶּסֶף.

4 הַשּׁוֹפֵט שָׂם אֶת הַכֶּסֶף בְּמַיִם חַמִּים כִּי
א. טִפּוֹת יַיִן עוֹלוֹת בְּמַיִם חַמִּים.
ב. טִפּוֹת שֶׁמֶן עוֹלוֹת בְּמַיִם חַמִּים.
ג. כֶּסֶף עוֹלֶה בְּמַיִם חַמִּים.

5 הַשּׁוֹטְרִים מָצְאוּ אֶת הַכֶּסֶף בַּחֲנוּת שֶׁל שִׁמְעוֹן כִּי
א. הַגַּנָּב שָׂם אֶת הַכֶּסֶף שָׁם.
ב. בִּנְיָמִין שָׂם אֶת הַכֶּסֶף שָׁם.
ג. שִׁמְעוֹן שָׂם אֶת הַכֶּסֶף שָׁם.

6 הַשּׁוֹפֵט יָדַע שֶׁהַכֶּסֶף שֶׁל שִׁמְעוֹן כִּי
א. שִׁמְעוֹן מוֹכֵר יַיִן, וְתָמִיד יֵשׁ יַיִן עַל הַיָּדַיִם שֶׁלּוֹ.
ב. שִׁמְעוֹן הָיָה אִישׁ טוֹב וְחָכָם.
ג. שִׁמְעוֹן מוֹכֵר שֶׁמֶן, וְתָמִיד יֵשׁ שֶׁמֶן עַל הַיָּדַיִם שֶׁלּוֹ.

B. If the sentence agrees with the story, write נָכוֹן (correct). If it is incorrect, correct it.

0 בַּשּׁוּק הָיוּ שְׁנֵי מוֹכְרִים. נָכוֹן

1 שִׁמְעוֹן מָכַר שֶׁמֶן וּבִנְיָמִין מָכַר יַיִן. ______

2 הָיָה קִיר בֵּין הַחֲנוּת שֶׁל שִׁמְעוֹן לַחֲנוּת שֶׁל בִּנְיָמִין. ______

3 שִׁמְעוֹן סָפַר אֶת הַמַּטְבְּעוֹת. ______

4 הַשּׁוֹטְרִים מָצְאוּ אֶת הַכֶּסֶף בַּחֲנוּת שֶׁל בִּנְיָמִין. ______

5 הַשּׁוֹפֵט רָאָה יַיִן בַּמַּיִם הַחַמִּים. ______

C. For each word in column א, find a word in column ב that means the opposite.

	א		ב
____	עָנָה	1	טוֹב
____	יָצָא	2	נָתַן
____	הַרְבֵּה	3	בָּא
1	רַע	4	סַבְתָּא
____	סַבָּא	5	קַר
____	לָקַח	6	שָׁאַל
____	חַם	7	קוֹנֶה
____	מוֹכֵר	8	מְעַט

הַשּׁוֹפֵט עָנָה: "שִׁמְעוֹן מוֹכֵר שֶׁמֶן. תָּמִיד יֵשׁ שֶׁמֶן עַל הַיָּדַיִם שֶׁלּוֹ. אֲנִי רוֹאֶה הַרְבֵּה טִפּוֹת (drops) שֶׁל שֶׁמֶן בַּמַּיִם!"

Prepositions

A preposition introduces a phrase that modifies (describes) **a verb or a noun.**

Prepositional phrases that modify verbs are called **adverbial phrases.**

Ruth went **to the city.** — רוּת הָלְכָה **אֶל הָעִיר.**

She studied **with her friends.** — הִיא לָמְדָה **עִם הַחֲבֵרִים שֶׁלָּהּ.**

Dan came **from the house.** — דָּן בָּא **מִן הַבַּיִת.**

Prepositional phrases that modify nouns are called **adjectival phrases.**

The boy **from the kibbutz** wrote a story.

הַיֶּלֶד **מִן הַקִּבּוּץ** כָּתַב סִפּוּר.

The door **of the house** was large.

הַדֶּלֶת **שֶׁל הַבַּיִת** הָיְתָה גְּדוֹלָה.

Here are some frequently used prepositions.

to	אֶל
from	מִן
on, about	עַל
with	עִם
next to	עַל־יַד
under	תַּחַת
between	בֵּין
before	לִפְנֵי
after	אַחֲרֵי
of	שֶׁל

תַּרְגִּילִים

A. Underline the prepositional phrase in each sentence. Circle the preposition.

0 רוּת הָלְכָה אֶל הָעֵץ.

1 בִּנְיָמִין יָצָא מִן הַחֲנוּת שֶׁלּוֹ.

2 שְׁנֵי אֲנָשִׁים בָּאוּ לִפְנֵי שׁוֹפֵט.

3 הַכֶּסֶף הָיָה בַּשַׂק עַל הָאָרוֹן.

4 לִפְנֵי הַרְבֵּה שָׁנִים, הָיוּ שְׁנֵי מוֹכְרִים.

5 הָיָה קִיר בֵּין הַחֲנוּת שֶׁל שִׁמְעוֹן לַחֲנוּת שֶׁל בִּנְיָמִין.

6 הֵם מָצְאוּ שַׂק תַּחַת הַכִּסֵּא.

7 בִּנְיָמִין מָצָא כֶּסֶף עַל־יַד הַבַּיִת.

8 הַשּׁוֹפֵט רָאָה שֶׁמֶן לִפְנֵי הַחֲנוּת.

B. Circle the preposition that completes the sentence correctly. Write it in the blank.

עַל	אֶל	0 הַתַּלְמִידִים בָּאוּ ____אֶל____ בֵּית־הַסֵּפֶר.
עַל	מִן	1 הַאִם אַתֶּן קְרָאתֶן סִפּוּר _____ חוֹנִי?
עַל	אֶל	2 שִׁמְעוֹן שָׂם אֶת הַמַּתָּנָה _____ הָאָרוֹן.
בֵּין	עַל־יַד	3 הַמּוֹרָה עוֹמֶדֶת _____ הַלּוּחַ.
תַּחַת	מִן	4 הַשּׁוֹטְרִים מָצְאוּ אֶת הַגַּנָּב _____ הַשֻּׁלְחָן.
עִם	עַל	5 הוּא הָלַךְ _____ סַבְתָּא לִקְנוֹת גְּלִידָה.

C.   Select one of the following prepositions to complete each sentence.

אֶל / עַל / מִן / עַל־יַד / לִפְנֵי / אַחֲרֵי / בֵּין / תַּחַת / עִם

between	0 אֵין קִיר __בֵּין__ _____ הַחֲנוּיוֹת.
with	1 הַיַּלְדָּה מְשַׂחֶקֶת _____ הַכֶּלֶב שֶׁלָּהּ.
from/to	2 חַיִּים יָצָא _____ הַבַּיִת וְהָלַךְ _____ בֵּית־הַסֵּפֶר.
under	3 רִבְקָה שָׂמָה מִכְתָּב _____ הַדֶּלֶת שֶׁל הֶחָבֵר.
after	4 _____ אֲרוּחַת־צָהֳרַיִם, אֲנִי מְשַׂחֵק עִם הַחֲבֵרִים.
about	5 הָאָב מְסַפֵּר _____ הַמִּשְׁפָּחָה שֶׁלּוֹ.
between	6 לֹא תָּמִיד יֵשׁ אַהֲבָה (love) _____ חֲבֵרִים.
on	7 סִפּוּר קָטָן: הַיֶּלֶד יָשַׁב _____ הָאָרוֹן.
from / next to	הַיֶּלֶד קָפַץ _____ הָאָרוֹן וְיוֹשֵׁב _____ הָאָרוֹן.

D.   Add a prepositional phrase to complete the sentence.

0   דָּוִד הוֹלֵךְ __אֶל בֵּית־הַסֵּפֶר__ _____.

1   הַדּוֹד וְהַדּוֹדָה יָצְאוּ _____

2   דְּבוֹרָה לוֹקַחַת כֶּסֶף _____

3   שָׁמַעְתִּי סִפּוּר _____

4   יוֹם אֶחָד שִׁמְעוֹן הָיָה _____

5   הַיְלָדִים עוֹמְדִים _____

Particle Prepositions ב כ ל מ

in a book	בְּסֵפֶר	in on at by with	ב
like a friend	כְּחָבֵר	as like	כ
to Tel Aviv	לְתֵל אָבִיב	to	ל
from Tel Aviv	מִתֵּל אָבִיב	from	מ

In English, all prepositions are whole words. In Hebrew, many prepositions are whole words, but four important prepositions are **particles** (partial words) that are **attached to another word.**
They are ב כ ל מ.

The **particle ב** usually stands for:

1. Prepositions that **refer to a certain time or place**

in a book	בְּסֵפֶר
at six	בְּשֵׁשׁ
at school	בְּבֵית סֵפֶר
on Sunday	בְּיוֹם רִאשׁוֹן

2. Prepositions **with** or **by** (meaning **by means of**)

He ate **with** a fork.	הוּא אָכַל בְּמַזְלֵג.
He wrote **with** a pencil.	הוּא כָּתַב בְּעִפָּרוֹן.
They traveled **by** car.	הֵם נָסְעוּ בִּמְכוֹנִית

The **particle** כּ is the equivalent of the word כְּמוֹ, **like, as.**

Benjamin ate **like** a horse.	בִּנְיָמִין אָכַל כְּסוּס.
Shoshana is as pretty **as** Queen Esther.	שׁוֹשַׁנָּה יָפָה כְּאֶסְתֵּר הַמַּלְכָּה.

The **particle** ל is the equivalent of the word אֶל, **to.**

We are going **to** school.	אֲנַחְנוּ הוֹלְכִים לְבֵית-הַסֵּפֶר.

The **particle** מ is the contraction of the word מִן, **from.**

They came **from** Tel Aviv.	הֵם בָּאוּ מִתֵּל אָבִיב.

תַּרְגִּילִים

A. Write the English meaning of the underlined prepositional phrases.

0 יָרוֹן יוֹשֵׁב בְּחֶדֶר קָטָן. — in a small room

1 הֵם שָׂמוּ אֶת הַכֶּסֶף בְּשַׂק גָּדוֹל. — ______

2 שָׂרָה כּוֹתֶבֶת בְּעִפָּרוֹן שָׁחוֹר. — ______

3 הוּא עָשִׁיר כְּמֶלֶךְ. — ______

4 הַתַּלְמִידִים בְּבֵית-הַסֵּפֶר שֶׁלָּנוּ — ______
לֹא לוֹמְדִים בְּשַׁבָּת. — ______

5 הַיֶּלֶד הַזֶּה חוֹשֵׁב כְּאִישׁ חָכָם. — ______

6 אֲנִי אוֹהֵב לִרְאוֹת סִפּוּר טוֹב בְּטֶלֶוִיזְיָה. ____________

7 אֲנִי נוֹסַעַת לְבֵית-הַסֵּפֶר ____________

בְּאוֹפַנַּיִם (bicycle), ____________

אֲבָל הֵם נוֹסְעִים בִּמְכוֹנִית. ____________

8 מַדּוּעַ יוֹסֵף לֹא מְדַבֵּר בְּקוֹל שָׁקֵט? ____________

9 הָאֲנָשִׁים נָתְנוּ מַתָּנָה לְרֹאשׁ הָעִיר. ____________

10 חוֹנִי אָמַר: "אֲנִי לֹא הוֹלֵךְ מִפֹּה." ____________

B.   Complete each sentence by writing the particle preposition
ב כ ל מ that means the same as the English preposition.

in   0 הוּא יוֹשֵׁב ‎____‎בְּ חֶדֶר גָּדוֹל.

in   1 הֵן כּוֹתְבוֹת ‎____‎ מַחְבָּרוֹת.

with   2 הֵם כּוֹתְבִים עַל הַלּוּחַ ‎____‎ גִּיר.

on   3 אֲנַחְנוּ הוֹלְכִים לְבֵית-הַכְּנֶסֶת ‎____‎ שַׁבָּת.

like   4 הָאִישׁ אוֹהֵב אֶת הַכֶּלֶב ‎____‎ בֵּן.

from   5 הַחַזָּן שׁוֹתֶה אֶת הַיַּיִן הַקַּר ‎____‎ כּוֹס.

as   6 שְׁלֹמֹה בּוֹכֶה ‎____‎ יֶלֶד קָטָן.

from/to   7 נָסַעְנוּ ‎____‎ בּוֹסְטוֹן ‎____‎ לוֹס-אַנְגֶ'לֶס.

at   8 הַמִּשְׁפָּחָה קָמָה ‎____‎ שֶׁבַע בַּבֹּקֶר.

to   9 אָמַרְתִּי לַיְלָה טוֹב ‎____‎ אַבָּא וְאִמָּא.

in   10 הֵם גָּרִים ‎____‎ תֵּל-אָבִיב.

Ivory decoration from King Ahab's
palace in Samaria, 9th century
B.C.E. King Solomon's palace
probably had similar decorations
(1 Kings 10:18).

C. Underline the prepositional phrase in each sentence. Circle the particle preposition .ב, כ, ל, מ

0 הוּא שָׂם אֶת הַכֶּסֶף בְּשַׂק.

1 הָיוּ שְׁנֵי שְׁכֵנִים בְּשׁוּק.

2 הֵם הֵבִיאוּ מַיִם חַמִּים לְשׁוֹפֵט.

3 הָאֵם הָלְכָה לַחֲנוּת לִקְנוֹת עוּגָה.

4 הַכֶּסֶף הָיָה בְּשַׂק שָׁחוֹר.

5 בִּנְיָמִין יָצָא מִבֵּית-הַסֵּפֶר.

6 מִיכָאֵל לֹא הָיָה חָכָם כְּשׁוֹפֵט.

7 הַמּוֹכֵר לוֹקֵחַ כֶּסֶף מִדְּבוֹרָה.

8 הַשּׁוֹטְרִים הָלְכוּ מִמָּקוֹם לְמָקוֹם.

Particle Prepositions ל כ ב with the Definite Article ה

בְּ + הַ
כְּ + הַ
לְ + הַ

When the particle prepositions ל ,כ ,ב precede a definite noun, the ה of the noun is dropped, and the preposition takes its vowel.

I sit **in a** room.	אֲנִי יוֹשֵׁב בְּחֶדֶר.
I sit **in the** room.	אֲנִי יוֹשֵׁב בַּחֶדֶר.
You are as wise **as a** judge.	אַתָּה חָכָם כְּשׁוֹפֵט.
You are as wise **as the** old judge.	אַתָּה חָכָם כַּשּׁוֹפֵט הַזָּקֵן.
I am going **to a** room.	אֲנִי הוֹלֵךְ לְחֶדֶר.
I am going **to the** room.	אֲנִי הוֹלֵךְ לַחֶדֶר.

Before a proper noun (a noun naming a person or a place), **the definite article הַ is omitted,** since all proper nouns are considered definite. In Hebrew, *we cannot say* **הַתֵּל אָבִיב** or הַמֹּשֶׁה.

When **a particle preposition** is used **before a proper noun,** it **never has a *patah* ◻ under it.**

I am going **to the** room.	אֲנִי הוֹלֵךְ לַחֶדֶר.
but	
I am going **to** Tel Aviv.	אֲנִי נוֹסֵעַ לְתֵל אָבִיב.
He sings **like** David.	הוּא שָׁר כְּדָוִד.

Remember: The noun that is possessed is always definite.

הַמִּשְׁפָּחָה שֶׁלּוֹ
הַדּוֹד שֶׁל מֹשֶׁה

A particle preposition used **before a noun that is possessed always has a *patah* ◻ under it.**

He went **to his family.**	הוּא הָלַךְ לַמִּשְׁפָּחָה שֶׁלּוֹ.
I am as big **as Moshe's uncle.**	אֲנִי גָּדוֹל כַּדּוֹד שֶׁל מֹשֶׁה.

Horned altar from Megiddo; similar to the incense altar in the Temple (Ex. 30:1–2).

תַּרְגִּילִים

A. Circle the English words that mean the same as the underlined Hebrew words.

in a car	(in the car)	0 הוּא יוֹשֵׁב בַּמְּכוֹנִית.
to the teacher	to a teacher	1 מִרְיָם הָלְכָה לַמּוֹרָה.
like a wise man	like the wise man	2 יוֹסִי חוֹשֵׁב כְּחָכָם.
in the kibbutz	in a kibbutz	3 הוּא גָּר בְּקִבּוּץ.
in a notebook	in the notebook	4 מֹשֶׁה כָּתַב בַּמַּחְבֶּרֶת.
like the fish	like a fish	5 אַתָּה שׁוֹתֶה כְּדָג.
like the son	like a son	6 מְנַחֵם הָיָה לְאַבְרָהָם כְּבֵן.
in a sukkah	in the sukkah	7 בְּחַג הַסֻּכּוֹת, הַמִּשְׁפָּחָה אוֹכֶלֶת בַּסֻּכָּה.
to a new class	to the new class	8 הַמּוֹרֶה שָׁלַח אֶת דָּנִי לְכִתָּה חֲדָשָׁה.
in a room	in the room	9 הַיֶּלֶד רָאָה הַרְבֵּה סְפָרִים בַּחֶדֶר.
to the poor person	to a poor person	10 הוּא נָתַן עֲשָׂרָה דּוֹלָר לֶעָנִי.

B. Circle the correct preposition.

0 הוּא נָסַע (לֵ) לְ מִשְׁפָּחָה שֶׁלּוֹ.
1 אֲנִי כָּתַבְתִּי בְּ בָּ עִפָּרוֹן הַגָּדוֹל.
2 אֲנַחְנוּ גָּרִים בְּ בַּ יִשְׂרָאֵל.
3 יְלָדִים, הַאִם נְסַעְתֶּם לְ בְּ בֵּית-הַסֵּפֶר?
4 הוּא חָכָם כְּ לְ מוֹרֶה.
5 שָׂרָה מָכְרָה סֵפֶר כְּ לְ דִּינָה.
6 חַנָּה אָמְרָה שָׁלוֹם לְ בְּ דּוֹדָה שֶׁלָּהּ.
7 שְׁלֹמֹה עוֹנֶה כְּ בְּ אִישׁ חָכָם.
8 הֵן אוֹכְלוֹת בְּ בְּ חֶדֶר קָטָן.
9 דָּנִי, הַאִם שָׁלַחְתָּ לְ כְּ חֲבֵרִים שֶׁלְּךָ מִכְתָּב?
10 שׁוֹשַׁנָּה הָיְתָה כְּ לְ יוֹסֵף כְּאֵם.

C. Write the form of one of the particle prepositions ב, כ, ל that corresponds to the underlined English words on the left.

I live in a city.	0 אֲנִי גָּר בְּעִיר.
The boy is sitting in a room.	1 הַיֶּלֶד יוֹשֵׁב ___ חֶדֶר.
The boy is sitting in the house.	2 הַיֶּלֶד יוֹשֵׁב ___ בַּיִת.
Joseph went to the supermarket.	3 יוֹסֵף הָלַךְ ___ סוּפֶּרְמַרְקֶט.
They went to a synagogue on Yom Kippur.	4 הֵם הָלְכוּ ___ בֵּית־כְּנֶסֶת בְּיוֹם כִּפּוּר.
Yaron is as smart as the teacher.	5 יָרוֹן חָכָם ___ מוֹרֶה.
He wrote a nice story on the test.	6 הוּא כָּתַב סִפּוּר יָפֶה ___ בְּחִינָה.
Miriam writes with a pencil.	7 מִרְיָם כּוֹתֶבֶת ___ עִפָּרוֹן.
She went to Shoshana's house.	8 הִיא הָלְכָה ___ בַּיִת שֶׁל שׁוֹשַׁנָּה.
She is as pretty as her grandmother.	9 הִיא יָפָה ___ סַבְתָּא שֶׁלָּהּ.
My books are in the black bag.	10 הַסְּפָרִים שֶׁלִּי ___ שַׂק הַשָּׁחוֹר.

תַּרְגִּילִים לַחֲזָרָה

A. Complete the Hebrew sentence to match the English translation.

This is the girl's sister.	0 זֹאת הָאָחוֹת שֶׁל הַיַּלְדָּה.
This is Deborah's dog.	1 זֶה הַכֶּלֶב ________.

2 דָּן לָקַח אֶת הַכֶּסֶף ______ __________.
Dan took David's money.

3 הַשַּׂק ______ __________ מָלֵא אֹכֶל.
The woman's bag is full of food.

4 הָעֲבוֹדָה ______ __________ טוֹבָה מְאֹד.
The student's work is very good.

5 אֲנִי מֵבִין אֶת הַשְּׁאֵלָה ______ __________.
I understand the teacher's question.

B. Write the correct verb form in the present tense.

0 דָּן ידע√ __יוֹדֵעַ__ עִבְרִית.

1 דִּינָה לקח√ __________ לֶחֶם וְאוֹכֶלֶת.

2 הָאָב, הָאֵם, וְהַיְלָדִים נסע√ __________ לְאֶרֶץ יִשְׂרָאֵל.

3 הָאָח עָשָׂה דָּבָר רַע, אֲבָל הָאָחוֹת סלח√ __________ לוֹ.

4 גֶּשֶׁם יוֹרֵד וְדָוִד לֹא פתח√ __________ אֶת הַחַלּוֹן.

5 כָּל הַלַּיְלָה אֲנַחְנוּ שמע√ __________ אֶת הַקּוֹל שֶׁל הַכֶּלֶב.

6 הַמּוֹרֶה שֶׁלִּי כּוֹעֵס, אֲבָל הוּא גַּם סלח√ __________.

7 מַדּוּעַ אַתְּ פתח√ __________ אֶת הַדֶּלֶת?

8 הֵם לֹא ידע√ __________ מַה לַּעֲשׂוֹת.

C. Write the Hebrew word that means the same as English word on the left.

his	0	זֶה הַכֶּלֶב שֶׁלּוֹ.
my	1	בִּנְיָמִין אָמַר: "לֹא, זֶה הַכֶּסֶף ________!"
their (m.)	2	הַיְלָדִים ________ אוֹכְלִים כָּל הַיּוֹם.
your (m.pl.)	3	הָעִיר ________ יָפָה מְאֹד.
his	4	אוּרִי לֹא יוֹדֵעַ אֶת הַשִּׁעוּר ________.
her	5	הַמּוֹרָה לֹא מָצְאָה אֶת הַגִּיר ________.
your (m.s.)	6	מִי לָקַח אֶת הַדְּבָרִים ________?
your (f.s.)	7	אֲנַחְנוּ שָׂמִים אֶת הַסְּפָרִים ________ בָּאָרוֹן.
our	8	הַמּוֹרָה שׁוֹמַעַת אֶת הַשְּׁאֵלָה ________.
their (f.)	9	הַיְלָדוֹת אוֹהֲבוֹת אֶת הַכֶּלֶב ________.
your (f.pl.)	10	אֵיפֹה הַכֶּלֶב הַשָּׁחוֹר ________?

D. In the following story, each verb is represented only by a שֹׁרֶשׁ. Fill in each blank with the correct form of the past tense verb.

גִּילָה וְיָרוֹן אָהֲבוּ אֶת הַכֶּלֶב שֶׁלָּהֶם, "רָפִּי". יוֹם אֶחָד,

גִּילָה √אמר אָמְרָה לְיָרוֹן: "אֵיפֹה רָפִּי?

אֲנִי הלך√ ________ אֶל הַבַּיִת שֶׁלּוֹ וְרָפִי לֹא הָיָה בַּבַּיִת.״

גַּם יָרוֹן לֹא ידע√ ________ אֵיפֹה רָפִי.

הוּא אמר√ ________ לְגִילָה: ״אַתְּ שאל√ ________ אֶת

אַבָּא אֵיפֹה רָפִי?״

אמר√ ________ גִּילָה: ״כֵּן, אֲנִי שאל√ ________ אֶת אַבָּא,

וְהוּא לֹא ידע√ ________.״

אמר√ ________ יָרוֹן: ״אַתְּ שאל√ ________ אֶת אִמָּא

אֵיפֹה רָפִי?״

אמר√ ________ גִּילָה: ״כֵּן, שאל√ ________ גַּם אֶת אִמָּא,

וְגַם אִמָּא לֹא ידע√ ________.

הַיְלָדִים פתח√ ________ אֶת הַדֶּלֶת. גִּילָה שמע√ ________

קוֹל. הִיא אמר√ ________: ״אַתָּה שמע√ ________ קוֹל?״

״כֵּן,״ אמר√ ________ יָרוֹן: ״אֲנִי שמע√ ________ קוֹל שֶׁל

כֶּלֶב!״

הַיְלָדִים קרא√ ________: ״רָפִי! רָפִי! אֵיפֹה אַתָּה? אֲנַחְנוּ

שמע√ ________ כֶּלֶב.״

פִּתְאֹם הַיְלָדִים מצא√ ________ אֶת הַכֶּלֶב בָּרְחוֹב. גִּילָה וְיָרוֹן

לקח√ ________ אֶת הַכֶּלֶב וְ הלך√ ________ הַבַּיְתָה.

E. Change all the verbs from the present tense to the past tense. Don't forget that the verb form must agree with the subject.

כָּתַב ‎——————‎ 0 הַיֶּלֶד כּוֹתֵב בַּסֵּפֶר.

‎——————‎ 1 שָׂרָה אוֹכֶלֶת אֲרוּחַת־צָהֳרַיִם.

‎—————— ——————‎ 2 הַיְלָדוֹת יוֹשְׁבוֹת וְאוֹכְלוֹת עוּגוֹת.

‎——————‎ 3 אֲנַחְנוּ יוֹרְדִים מִירוּשָׁלַיִם לְתֵל אָבִיב.

‎——————‎ 4 אַתֶּם פּוֹגְשִׁים חֲבֵרִים בַּחֲנוּת.

‎——————‎ 5 אֲנִי נוֹסַעַת הַבַּיְתָה בִּמְכוֹנִית גְּדוֹלָה.

‎—————— ——————‎ 6 דָּוִד לוֹקֵחַ אֶת הַמַּתָּנָה וְאוֹמֵר תּוֹדָה.

‎—————— ——————‎ 7 רָחֵל חוֹזֶרֶת הַבַּיְתָה כִּי יוֹרֵד גֶּשֶׁם.

‎——————‎ 8 אַתֶּן הוֹלְכוֹת לִקְנוֹת חַלּוֹת וּבָשָׂר?

‎——————‎ 9 אַתְּ זוֹרֶקֶת אֶת הַכַּדּוּר אֶל דָּנִי.

‎——————‎ 10 מַדּוּעַ אַתָּה צוֹעֵק?

‎—————— ——————‎ אֲנִי צוֹעֵק כִּי אֲנִי כּוֹעֵס.

Bronze *prutah* struck by the Hasmoneans. Inscription: Yehohanan the High Priest and *haver* of the Jews.

מִשְׁפַּט[1] שְׁלֹמֹה

[1]judgment

שְׁתֵּי נָשִׁים[1] בָּאוּ אֶל הַמֶּלֶךְ שְׁלֹמֹה.

[1]women

אִשָּׁה אַחַת אָמְרָה לַמֶּלֶךְ:
״הַמֶּלֶךְ שְׁלֹמֹה — אֲנִי וְהָאִשָּׁה הַזֹּאת יוֹשְׁבוֹת בְּבַיִת אֶחָד. יוֹם אֶחָד אֲנִי יָלַדְתִּי[1] בֵּן, וּבְיוֹם אַחֵר[2] גַּם הָאִשָּׁה הַזֹּאת יָלְדָה בֵּן. רַק אֲנַחְנוּ יוֹשְׁבוֹת בַּבַּיִת, וְאֵין אִישׁ אַחֵר בַּבַּיִת. לַיְלָה אֶחָד מֵת הַבֵּן שֶׁל הָאִשָּׁה הַזֹּאת. הִיא קָמָה וְלָקְחָה אֶת הַבֵּן הַמֵּת שֶׁלָּהּ וְשָׂמָה אוֹתוֹ[1] בַּמִּטָּה[2] שֶׁלִּי. מִן הַמִּטָּה שֶׁלִּי הִיא לָקְחָה אֶת הַבֵּן הַחַי[1] שֶׁלִּי. בַּבֹּקֶר אֲנִי רוֹאָה שֶׁהַיֶּלֶד בַּמִּטָּה שֶׁלִּי מֵת. אֲנִי מַבִּיטָה[1] עַל הַיֶּלֶד וְחוֹשֶׁבֶת: אֲנִי לֹא יָלַדְתִּי אֶת הַיֶּלֶד הַזֶּה. זֶה לֹא הַבֵּן שֶׁלִּי! וְהָאִשָּׁה הַזֹּאת אוֹמֶרֶת לִי: לֹא, הַבֵּן שֶׁלִּי הַחַי, וְהַבֵּן שֶׁלָּךְ הַמֵּת. וַאֲנִי אוֹמֶרֶת לָאִשָּׁה: לֹא, הַבֵּן שֶׁלָּךְ הַמֵּת, וְהַבֵּן שֶׁלִּי הַחַי!״

[1]gave birth [2]another
[1]him [2]bed
[1]living
[1]look

הַמֶּלֶךְ שְׁלֹמֹה אָמַר: ״אִשָּׁה אַחַת אוֹמֶרֶת: הַבֵּן שֶׁלִּי הַחַי וְהַבֵּן שֶׁלָּךְ הַמֵּת. וְהָאִשָּׁה הַשְּׁנִיָּה[1] אוֹמֶרֶת: הַבֵּן שֶׁלָּךְ הַמֵּת וְהַבֵּן שֶׁלִּי הַחַי.״

[1]second

חָשַׁב הַמֶּלֶךְ וְאָמַר: ״תְּנוּ לִי חֶרֶב[1]!״ נָתְנוּ לַמֶּלֶךְ חֶרֶב, וְהַמֶּלֶךְ אָמַר לָעֲבָדִים[1]: ״גִּזְרוּ[2] אֶת הַיֶּלֶד הַחַי לִשְׁנַיִם. תְּנוּ חֲצִי[1] הַיֶּלֶד לְאִשָּׁה אַחַת, וַחֲצִי הַיֶּלֶד לָאִשָּׁה הַשְּׁנִיָּה.״

[1]sword
[1]servants [2]cut
[1]half

אָמְרָה הָאֵם שֶׁל הַיֶּלֶד הַחַי לַמֶּלֶךְ: ״אֲדוֹנִי הַמֶּלֶךְ, אַל[1] תִּגְזֹר אֶת הַיֶּלֶד! תֵּן אֶת הַיֶּלֶד לָאִשָּׁה הַזֹּאת.״

[1]do not

וְהָאִשָּׁה הַשְּׁנִיָּה אָמְרָה לַמֶּלֶךְ: ״גַּם לִי, וְגַם לָךְ לֹא יִהְיֶה[1] יֶלֶד. גִּזְרוּ!״

[1]will not have

וְהַמֶּלֶךְ אָמַר: ״אַל תִּגְזְרוּ אֶת הַיֶּלֶד! תְּנוּ אֶת הַיֶּלֶד הַחַי לָאִשָּׁה הָרִאשׁוֹנָה. הִיא הָאֵם שֶׁלּוֹ.״

מִלּוֹן

judgment, trial	מִשְׁפָּט
women	אִשָּׁה, נָשִׁים
another	אַחֵר
him	אוֹתוֹ
bed	מִטָּה
I, you, she look(s) at	מַבִּיטָה — נבט√
second (f.)	שְׁנִיָּה
first (f.)	רִאשׁוֹנָה
servants, slaves	עֶבֶד, עֲבָדִים
half	חֲצִי

Depiction of the menorah used in the Temple, found on the wall of a private dwelling in Jerusalem, dated to the last years of the Second Temple.

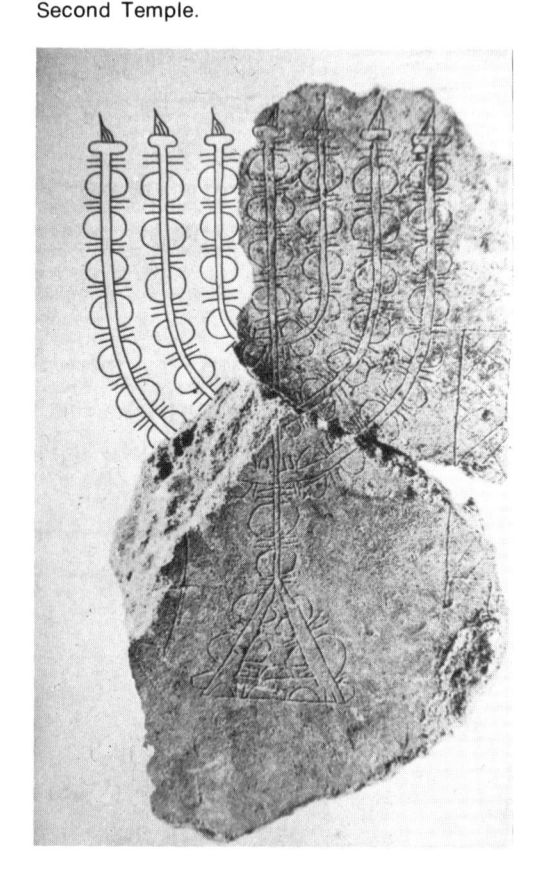

של מי הכסף?

לפני הרבה שנים, היו שני מוכרים בשוק. שמעון מכר שמן ובנימין מכר יין. הם היו שכנים. לא היה קיר בין החנות של שמעון לחנות של בנימין.

פעם אחת, מוכר אחד ראה את השכן שלו סופר מטבְּעות. הוא ספר וספר: שש מאות ועשרים (620) מטבעות של כסף. אחר כך שם את המטבעות בשק שחור, ושם את השק בארון.

בערב יצא בנימין מן החנות שלו וצעק בקול: ״גנבים! גנבים גנבו את הכסף שלי!״

באו שוטרים ושאלו: ״איפה היה כסף?״
בנימין ענה: ״בשק שחור.״
שאלו: ״כמה כסף היה בשק?״
בנימין ענה: ״שש מאות ועשרים מטבעות.״

השוטרים חיפשו בכל השוק. בחנות של שמעון מצאו שק שחור ובוֹ שש מאות ועשרים מטבעות כסף.
שמעון אמר: ״זה הכסף שלי! בנימין רוצה לגנוב את הכסף שלי.״
בנימין אמר: ״הכסף שלי! שמעון גנב את הכסף שלי!״

שני המוכרים באו לפני שופט. השופט שמע את הסיפור.
השופט שאל את שמעון: ״מה אתה מוכר?״
שמעון ענה: ״שמן.״

השופט שאל את בנימין: ״מה אתה מוכר?״
בנימין ענה: ״יין״.

השופט אמר להביא מים חמים. הוא שם את המטבעות במים.
אחר־כך אמר השופט: ״הכסף של שמעון.״
האנשים שאלו: איך אתה יודע?״
השופט ענה: ״שמעון מוכר שמן. תמיד יש שמן על הידיים שלו. אני רואה הרבה טִפּוֹת של שמן במים!״

Camels continue to be used as "ships of the desert" by the Bedouin in the Negev.

9 יְחִידָה

אֵיךְ לְחַלֵּק[1] אֶת הַגְּמַלִּים[2]

[1] to divide [2] camels

רַבִּי אַבְרָהָם אִבְּן־עֶזְרָא חַי לִפְנֵי הַרְבֵּה שָׁנִים[1]. הָיָה גָּדוֹל בַּתּוֹרָה, וְגַם יָדַע מָתֵמָטִיקָה.

[1] years

פַּעַם אַחַת, רַבִּי אַבְרָהָם הָלַךְ בַּדֶּרֶךְ[1]. הוּא רָכַב[1] עַל גָּמָל וְרָאָה שְׁלֹשָׁה אֲנָשִׁים עוֹמְדִים עִם הַרְבֵּה גְּמַלִּים. הָאֲנָשִׁים צָעֲקוּ בְּכַעַס[1].

[1] on the road
[1] rode
[1] angrily

שָׁאַל רַבִּי אַבְרָהָם: ״מַה זֶּה? מַדּוּעַ אַתֶּם צוֹעֲקִים?״ עָנָה אִישׁ אֶחָד: ״אֲנַחְנוּ שְׁלֹשָׁה אַחִים, רְאוּבֵן, שִׁמְעוֹן וְלֵוִי. יֵשׁ לַמִּשְׁפָּחָה שֶׁלָּנוּ שִׁבְעָה־עָשָׂר[1] גְּמַלִּים. אַבָּא שֶׁלָּנוּ מֵת, וְהוּא נָתַן גְּמַלִּים לְכָל בֵּן. אַבָּא נָתַן לִרְאוּבֵן חֲצִי מֵהַגְּמַלִּים, כִּי הוּא הַבֵּן הָרִאשׁוֹן[1]. אַבָּא נָתַן לְשִׁמְעוֹן שְׁלִישׁ[1], כִּי הוּא הַבֵּן הַשֵּׁנִי. וְאַבָּא נָתַן לְלֵוִי תְּשִׁיעִית[1], כִּי הוּא הַבֵּן הַקָּטָן. אֲבָל אֲנַחְנוּ לֹא יוֹדְעִים אֵיךְ לְחַלֵּק שִׁבְעָה־עָשָׂר גְּמַלִּים.״

[1] seventeen
[1] first
[1] one-third
[1] one-ninth

רַבִּי אַבְרָהָם אָמַר: ״אַתֶּם רוֹאִים — יֵשׁ לִי גָּמָל אֶחָד. אֲנִי נוֹתֵן לָכֶם אֶת הַגָּמָל שֶׁלִּי. עַכְשָׁו יֵשׁ לָכֶם שְׁמוֹנָה־עָשָׂר[1] גְּמַלִּים. רְאוּבֵן לוֹקֵחַ חֲצִי, וְיֵשׁ לוֹ תִּשְׁעָה גְּמַלִּים. שִׁמְעוֹן לוֹקֵחַ שְׁלִישׁ, וְיֵשׁ לוֹ שִׁשָּׁה גְּמַלִּים. לֵוִי לוֹקֵחַ תְּשִׁיעִית, וְיֵשׁ לוֹ שְׁנֵי גְּמַלִּים.״

[1] eighteen

הָאֲנָשִׁים שָׂמְחוּ. עַכְשָׁו יָדְעוּ אֵיךְ לְחַלֵּק אֶת הַגְּמַלִּים שֶׁלָּהֶם. כַּאֲשֶׁר גָּמְרוּ, רָאוּ שֶׁגָּמָל אֶחָד נִשְׁאַר[1].
שָׁאֲלוּ: ״שֶׁל מִי הַגָּמָל הַזֶּה?״
אָמַר רַבִּי אַבְרָהָם: ״זֶה הַגָּמָל שֶׁלִּי!״
לָקַח אֶת הַגָּמָל וְהָלַךְ בְּשִׂמְחָה.

[1] remained

מִלּוֹן

camel	גָּמָל, גְּמַלִּים
year	שָׁנָה, שָׁנִים
road, way (f.)	דֶּרֶךְ
on the way	בַּדֶּרֶךְ
he rode	רָכַב — רכב√
angrily	בְּכַעַס
happily	בְּשִׂמְחָה
first (m.)	רִאשׁוֹן
one-third	שְׁלִישׁ
one-ninth	תְּשִׁיעִית
seventeen (m.)	שִׁבְעָה־עָשָׂר
eighteen (m.)	שְׁמוֹנָה־עָשָׂר

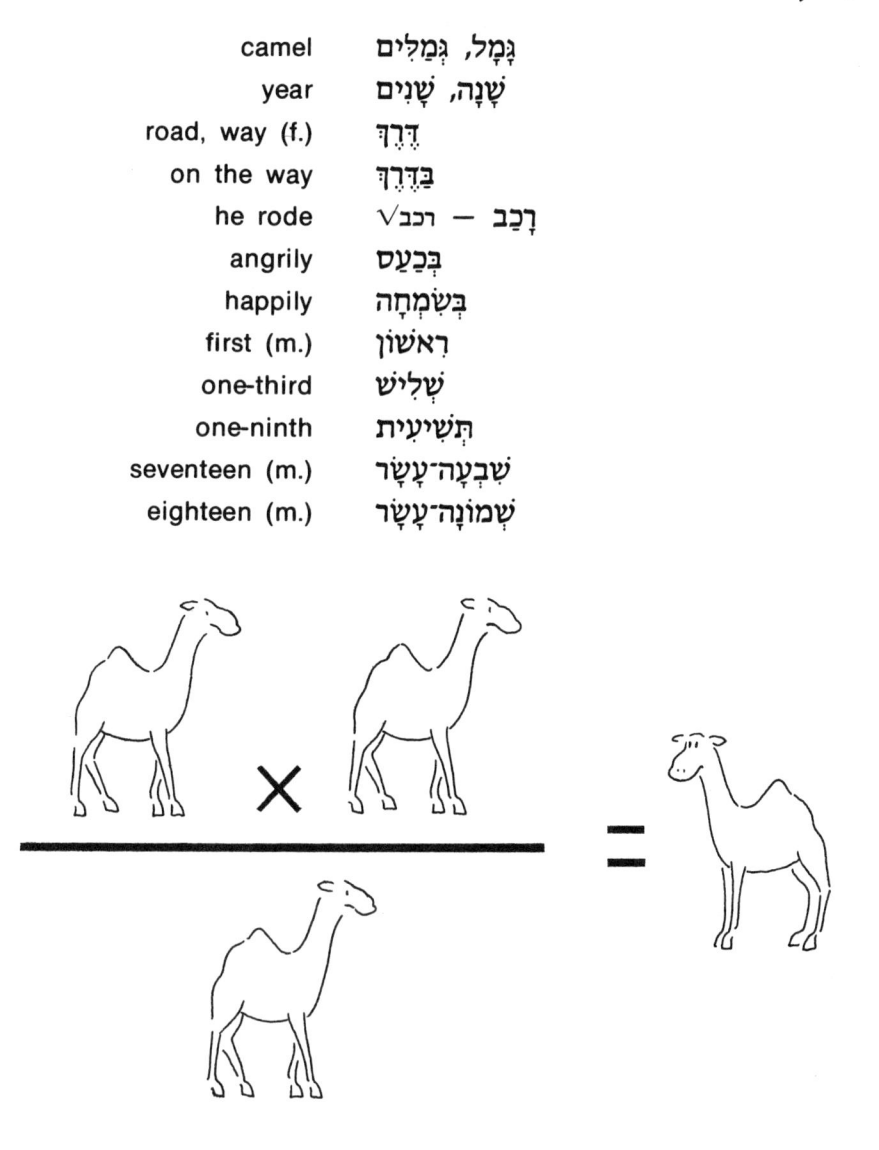

תַּרְגִּילִים

A. Circle the phrase that best completes the sentence according to the story.

0 רַבִּי אַבְרָהָם
(א.) הוֹלֵךְ בַּדֶּרֶךְ.
ב. יוֹשֵׁב בַּבַּיִת.
ג. עוֹמֵד עַל הַגָּמָל.

1 רַבִּי אַבְרָהָם אִבְּן־עֶזְרָא הָיָה
א. מוֹרֶה לְמָתֶמָטִיקָה.
ב. גָּדוֹל בַּתּוֹרָה.
ג. הָאָב שֶׁל הַבָּנִים.

2 בַּדֶּרֶךְ רַבִּי אַבְרָהָם רוֹאֶה
א. שְׁלֹשָׁה אֲנָשִׁים רוֹכְבִים עַל גָּמָל.
ב. הַרְבֵּה גְּמַלִּים הוֹלְכִים.
ג. אֲנָשִׁים צוֹעֲקִים בְּכַעַס.

3 הָאֲנָשִׁים לֹא יוֹדְעִים
א. אֵיךְ לְחַלֵּק אֶת הַגְּמַלִּים.
ב. כַּמָּה גְּמַלִּים יֵשׁ לַמִּשְׁפָּחָה.
ג. אֵיךְ לִלְמֹד תּוֹרָה.

4 הָאָב נָתַן לַבֵּן הַקָּטָן
א. חֲצִי הַגְּמַלִּים.
ב. שְׁלִישׁ שֶׁל הַגְּמַלִּים.
ג. תְּשִׁיעִית שֶׁל הַגְּמַלִּים.

5 רַבִּי אַבְרָהָם נוֹתֵן לָאֲנָשִׁים אֶת הַגָּמָל שֶׁלּוֹ, כִּי
א. הוּא חָכָם בְּמָתֶמָטִיקָה.
ב. הָאֲנָשִׁים אָמְרוּ: "תֵּן לָנוּ אֶת הַגָּמָל שֶׁלְּךָ."
ג. הוּא לֹא רוֹצֶה אֶת הַגָּמָל שֶׁלּוֹ.

6 שְׁלִישׁ שֶׁל שְׁמוֹנָה־עָשָׂר גְּמַלִּים הוּא
א. תִּשְׁעָה גְּמַלִּים.
ב. שִׁשָּׁה גְּמַלִּים.
ג. שְׁלֹשָׁה גְּמַלִּים.

7 כַּאֲשֶׁר הֵם גּוֹמְרִים לְחַלֵּק אֶת הַגְּמַלִּים
א. יֵשׁ לְלֵוִי שִׁבְעָה־עָשָׂר גְּמַלִּים.
ב. יֵשׁ לִרְאוּבֵן גָּמָל אֶחָד.
ג. יֵשׁ לְשִׁמְעוֹן שִׁשָּׁה גְּמַלִּים.

B. Answer each question with a complete sentence.

0 מָתַי חַי רַבִּי אַבְרָהָם אִבְּן־עֶזְרָא? רַבִּי אַבְרָהָם אִבְּן־עֶזְרָא

חַי לִפְנֵי הַרְבֵּה שָׁנִים.

1 מָה רָאָה רַבִּי אַבְרָהָם בַּדֶּרֶךְ? __________

2 מַה נָּתַן הָאָב לַבָּנִים שֶׁלּוֹ? __________

3 מַדּוּעַ צָעֲקוּ הָאֲנָשִׁים? __________

4 מַדּוּעַ שָׂמְחוּ הָאֲנָשִׁים? __________

5 כַּמָּה גְּמַלִּים לָקַח כָּל בֵּן? __________

C. Can you demonstrate mathematically how R. Abraham Ibn Ezra solved the problem?

Prepositions with Pronominal (Personal) Endings

◻ִי	me	◻ָנוּ	us
◻ְךָ	you (m.s.)	◻ָכֶם	you (m.pl.)
◻ָךְ	you (f.s.)	◻ָכֶן	you (f.pl.)
◻וֹ	him, it	◻ָהֶם	them (m.)
◻ָהּ	her, it	◻ָהֶן	them (f.)

You have learned (Unit 6) that we can add personal endings to the preposition שֶׁל (...שֶׁלִּי, שֶׁלְּךָ, שֶׁלּוֹ). In Hebrew, these endings can be added to many prepositions. The endings tell us *who* or *what* is affected by the preposition.

הוּא הָלַךְ **עִמִּי** לַחֲנוּת. — He went **with me** to the store.

הָאָח נָתַן **לוֹ** מַתָּנָה — The brother gave a present **to him.** *or* The brother gave **him** a present.

Notice that in English the word *to* might not appear.

Here are the pronominal endings added to some very useful prepositions.

of שֶׁל	to לְ	in בְּ	with עִם
שֶׁלִּי	לִי	בִּי	עִמִּי
שֶׁלְּךָ	לְךָ	בְּךָ	עִמְּךָ
שֶׁלָּךְ	לָךְ	בָּךְ	עִמָּךְ
שֶׁלּוֹ	לוֹ	בּוֹ	עִמּוֹ
שֶׁלָּהּ	לָהּ	בָּהּ	עִמָּהּ
שֶׁלָּנוּ	לָנוּ	בָּנוּ	עִמָּנוּ
שֶׁלָּכֶם	לָכֶם	בָּכֶם	עִמָּכֶם
שֶׁלָּכֶן	לָכֶן	בָּכֶן	עִמָּכֶן
שֶׁלָּהֶם	לָהֶם	בָּהֶם	עִמָּהֶם
שֶׁלָּהֶן	לָהֶן	בָּהֶן	עִמָּהֶן

תַּרְגִּילִים

A. Fill in the chart.

עִם	בּ	ל	Pronoun
		לִי	me
	בְּךָ		you (m.s.)
עִמָּךְ			you (f.s.)
	בּוֹ		him (it)
		לָהּ	her (it)
	בָּנוּ		us
עִמָּכֶם			you (m.pl.)
	בָּכֶן		you (f.pl.)
		לָהֶם	them (m.)
עִמָּהֶן			them (f.)

Silver tetradrachm dated to the Bar Kochba revolt. The four columns probably depict the Temple.

B. Circle the prepositional form that does not belong in each group, and be prepared to explain your reason orally.

0 שֶׁלָּכֶם (לָכֶן) עִמָּכֶם בָּכֶם

Reason: All are second person masculine plural, except לָכֶן which is the second person feminine plural.

1 שֶׁלִּי בִּי עִמִּי לוֹ

2 עִמָּהֶם שֶׁלָּהֶם לָכֶם בָּהֶם

3 לוֹ שֶׁלָּךְ בּוֹ עִמּוֹ

4 בָּנוּ לָנוּ שֶׁלָּנוּ עִמָּכֶם

5 לְךָ שֶׁלְּךָ עִמְּךָ בְּךָ

C. Write the Hebrew word which means the same as the English word.

with me	0 שָׂרָה הָלְכָה _עִמִּי_ לָעִיר.
with her	1 יַעֲקֹב יָשַׁב ______ בַּמְּכוֹנִית.
to you (m.pl.)	2 הֵם נָתְנוּ ______ יַיִן.
to me	3 הוּא שָׁלַח ______ מַתָּנָה.
with him	4 הִיא נָסְעָה לְתֵל אָבִיב ______.
to him	5 שִׁמְעוֹן הָיָה ______ כְּבֵן.
with us	6 חַיָּה אָכְלָה אֲרוּחַת־צָהֳרַיִם ______.
to them (m.)	7 דָּן קָרָא ______ סִפּוּר.
in it (m.)	8 זֶה הָיָה שִׁעוּר טוֹב. לָמַדְתִּי ______ הַרְבֵּה דְּבָרִים חֲדָשִׁים.
in them (m.)	9 מָה אַתָּה רוֹאֶה ______?
to you (f.)	10 חַנָּה, מִי כָּתַב ______ מִכְתָּב?

D. Write the correct form of ל in each blank. Remember to look for the noun or pronoun to which the preposition refers. Circle it.

0 אֲנִי אָמַרְתִּי "תּוֹדָה" לְדֹב, כִּי הוּא נָתַן __לִי__ סֵפֶר חָדָשׁ.

1 יַעֲקֹב בּוֹכֶה וְצוֹעֵק. אִמָּא אוֹמֶרֶת ______: "שֶׁקֶט, יַעֲקֹב."

2 אֲנַחְנוּ זוֹרְקִים אֶת הַכַּדּוּר שֶׁדּוֹדָה רִבְקָה נָתְנָה ______.

3 מִיכָאֵל רָאָה שֶׁדָּנִי וְדָוִד קָרְאוּ מִכְתָּב. "מִי כָּתַב ______ מִכְתָּב?" שָׁאַל מִיכָאֵל.

4 "לֵאָה, הַאִם הַמּוֹרֶה נָתַן ______ אֶת כָּל הַסְּפָרִים?"

5 לֵוִי וְאַהֲרוֹן הָלְכוּ עִם כֶּלֶב קָטָן. אַבָּא נָתַן ______ אֶת הַכֶּלֶב.

E. Write the correct form of עִם in each blank. Circle the noun or pronoun to which it refers.

0 הָאָחוֹת שֶׁלִּי הוֹלֶכֶת __עִמִּי__ אֶל בֵּית הַסֵּפֶר.

1 רוּתִי רוֹאָה אֶת דָּוִד בָּרְחוֹב. הִיא הוֹלֶכֶת ______ לַחֲנוּת.

2 אִמָּא שׁוֹאֶלֶת: "רוּתִי, מִי הָלַךְ ______ לַחֲנוּת?"

3 אֲנַחְנוּ אוֹכְלִים אֲרוּחַת־צָהֳרַיִם. מִי רוֹצֶה לֶאֱכֹל ______?

4 אַבָּא רוֹאֶה שֶׁיּוֹנָתָן יוֹשֵׁב עִם יַלְדָּה. הוּא שׁוֹאֵל: "מִי יוֹשֵׁב ______?"

5 חַיִּים הוֹלֵךְ עִם הַחֲבֵרִים שֶׁלּוֹ אֶל הָעִיר. בָּרְחוֹב הוּא מְדַבֵּר ______.

F. Change the marked noun into the correct form of the preposition ב.

0 הוּא נוֹסֵעַ בְּאוֹטוֹבּוּס __בּוֹ__.

1 הֵם יוֹשְׁבִים בַּבַּיִת ______.

2 הִיא נוֹסַעַת בַּמְּכוֹנִית ______.

3 הַמּוֹרָה כּוֹתֶבֶת בְּעִפָּרוֹן ______.

4 הַיְלָדִים קוֹרְאִים בַּסְּפָרִים ______.

5 הַיְלָדוֹת כּוֹתְבוֹת בַּמַּחְבָּרוֹת ______.

An Israelite sanctuary in Arad, 9th — 8th century B.C.E. It was a small replica of the Temple of Solomon.

Possessive Sentences — יֵשׁ לְ...

David has a book.	יֵשׁ לְדָוִד סֵפֶר.
Leah has a present.	יֵשׁ לְלֵאָה מַתָּנָה.
The teachers have students.	יֵשׁ לַמּוֹרִים תַּלְמִידִים.
The parents have daughters.	יֵשׁ לַהוֹרִים בָּנוֹת.

In English, when we want to say that a person owns or possesses something, we say: He/she has, we have.

Mike has a car.
She has a house.
We have a dog.

In Hebrew, there is no verb meaning *to have.* Hebrew expresses possession differently. We begin with the idea that *there is* something.

There is a book (that belongs to David).
There is a present (that belongs to Leah).
There are students (who belong to the teachers).
There are daughters (who belong to the parents).

You have learned (Unit 3) that we use the helping word יֵשׁ to say *there is, there are.*

When we add to the word יֵשׁ the preposition ל followed by a noun, we are actually saying: *There is* (*to David*) a book.

David has a book. יֵשׁ לְדָוִד סֵפֶר.

When we add to the word יֵשׁ the ל with a pronominal suffix, we are actually saying: *There is* (*to me*) a book.

I have a book. יֵשׁ לִי סֵפֶר.

Negative Possession — אֵין לְ...

There is no hope. אֵין תִּקְוָה.
There is no book. אֵין סֵפֶר.

1. When we want to say something doesn't exist, we use the negative word אֵין.

2. When the word אֵין is followed by the preposition לְ and a noun, we are actually saying: *There is no book* (*to David*).

   David doesn't have a book. אֵין לְדָוִד סֵפֶר

3. When tho word אֵין is followed by ל and a pronominal suffix, we are actually saying: *There is not* (*to me*) a book.

   I don't have a book. אֵין לִי סֵפֶר.

Third century synagogue at Baram, in Galilee.

Summary

1. To indicate possession we use the expression   ‫יֵשׁ לְ...‬

2. To negate possession, we use the expression   ‫אֵין לְ...‬

3. Here is a complete chart, showing the use of the **preposition** ‫ל‬ **plus the pronominal ending** in **expressing possession.**

	Plural		Singular
we have	‫יֵשׁ לָנוּ‬	I have	‫יֵשׁ לִי‬
you (m.) have	‫יֵשׁ לָכֶם‬	you (m.) have	‫יֵשׁ לְךָ‬
you (f.) have	‫יֵשׁ לָכֶן‬	you (f.) have	‫יֵשׁ לָךְ‬
they (m.) have	‫יֵשׁ לָהֶם‬	he has	‫יֵשׁ לוֹ‬
they (f.) have	‫יֵשׁ לָהֶן‬	she has	‫יֵשׁ לָהּ‬

Remember: I have = *there is to me*; we have = *there is to us.*

4. We can say   ‫יֵשׁ לִי‬   *or*   ‫לִי יֵשׁ‬

             ‫אֵין לִי‬   ‫לִי אֵין‬

             ‫יֵשׁ לְדָוִד‬   ‫לְדָוִד יֵשׁ‬

             ‫אֵין לְדָוִד‬   ‫לְדָוִד אֵין‬

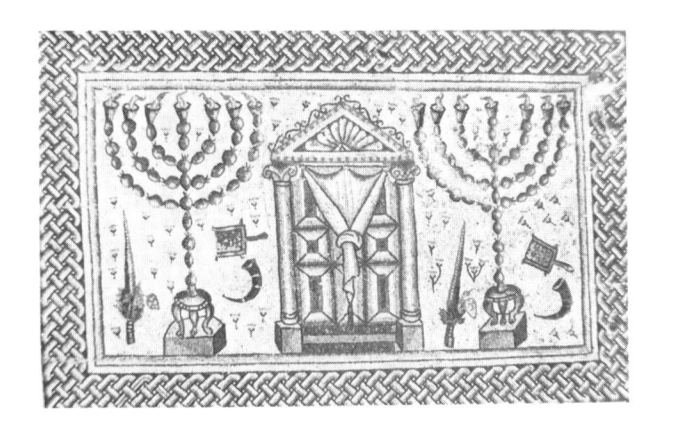

Mosaic floors from synagogues at Hamat Tiberias (r.) and Bet She'an (l.).

תַּרְגִּילִים

A. Circle the word or words in the Hebrew sentence that mean the same as the underlined English words.

There is a house.	0 יֵשׁ בַּיִת.
There is a city here.	1 יֵשׁ עִיר פֹּה.
There is no rain today.	2 אֵין גֶּשֶׁם הַיּוֹם.
David has a brother.	3 יֵשׁ לְדָוִד אָח.
We have a big family.	4 יֵשׁ לָנוּ מִשְׁפָּחָה גְּדוֹלָה.
They don't have wine.	5 אֵין לָהֶן יַיִן.
Sara has a pretty mother.	6 לְשָׂרָה יֵשׁ אֵם יָפָה.
They have a big car.	7 יֵשׁ לָהֶם מְכוֹנִית גְּדוֹלָה.
She doesn't have a little sister.	8 אֵין לָהּ אָחוֹת קְטַנָּה.
You have a big brother.	9 יֵשׁ לְךָ אָח גָּדוֹל.
He has a nice present.	10 יֵשׁ לוֹ מַתָּנָה יָפָה.

B. Rewrite each positive sentence as a negative sentence.

0 יֵשׁ לְדָוִד סֵפֶר. אֵין לְדָוִד סֵפֶר

1 יֵשׁ לָהּ חֲבֵרִים טוֹבִים. ______

2 יֵשׁ לָנוּ רֹאשׁ עִיר חָדָשׁ. ______

3 הַיּוֹם יֵשׁ חַג גָּדוֹל. ______

4 לַדּוֹד שֶׁלִּי יֵשׁ שִׁבְעָה בָּנִים. ______

5 הַאִם יֵשׁ לְךָ עִפָּרוֹן? ______

Second century synagogue at Kfar Nahum on the shore of Lake Kinneret.

C. Change the underlined nouns to prepositions with pronominal endings.

0 יֵשׁ לְדָוִד סֵפֶר.	יֵשׁ ___לוֹ___ סֵפֶר.
1 לַמֶּלֶךְ יֵשׁ בַּיִת גָּדוֹל.	______ יֵשׁ בַּיִת גָּדוֹל.
2 יֵשׁ לַיְלָדוֹת הַרְבֵּה חֲבֵרִים.	יֵשׁ ______ הַרְבֵּה חֲבֵרִים.
3 אֵין לַמּוֹרֶה גִּיר.	אֵין ______ גִּיר.
4 יֵשׁ לִרְאוּבֵן וְשִׁמְעוֹן גְּמַלִּים.	יֵשׁ ______ גְּמַלִּים.
5 לָאֲנָשִׁים אֵין כֶּסֶף.	______ אֵין כֶּסֶף.
6 אֵין סְפָרִים לְרִבְקָה, לְמִרְיָם וּלְאֶסְתֵּר.	אֵין ______ סְפָרִים.
7 יֵשׁ לִי וְלָאָח שֶׁלִּי כֶּלֶב חָדָשׁ.	יֵשׁ ______ כֶּלֶב חָדָשׁ.
8 לַמִּשְׁפָּחָה יֵשׁ הַרְבֵּה דּוֹדוֹת.	______ יֵשׁ הַרְבֵּה דּוֹדוֹת.
9 אֵין לְךָ וּלְרָחֵל כֶּסֶף הַיּוֹם.	אֵין ______ כֶּסֶף הַיּוֹם.
10 יֵשׁ לָאָח שֶׁלִּי וְלָאָח שֶׁלָּהּ אֹכֶל טוֹב.	יֵשׁ ______ אֹכֶל טוֹב.

Oil lamp, first – second century.

D. Write the Hebrew equivalent of the English words.

he has	סֵפֶר. ___לוֹ___ ___יֵשׁ___	0
I don't have	זְמַן. ________ ________	1
she has	אָח גָּדוֹל. ________ ________	2
you (m.pl.) have	עֲשָׂרָה סְפָרִים. ________ ________	3
they (f.) don't have	תִּקְוָה. ________ ________	4
we have	כֶּסֶף. ________ ________	5
you (f.s.) don't have	מַחְבֶּרֶת הַיּוֹם? ________ ________	6
they (m.) have	יְלָדִים יָפִים. ________ ________	7
you (m.s.) have	מִשְׁפָּחָה טוֹבָה. ________ ________	8
he doesn't have	כֶּלֶב קָטָן. ________ ________	9
we don't have	שֶׁמֶן וְיַיִן. ________ ________	10

Glass vessel found in
fifth century tomb.

E.   Unscramble the words to make a correct sentence.

0   לוֹ סֵפֶר יֵשׁ.

_____ יֵשׁ לוֹ סֵפֶר.

1   לִירוּשָׁלַיִם הַרְבֵּה נוֹסְעִים אֲנָשִׁים.

_____

2   לַמּוֹרֶה תַּלְמִידִים יֵשׁ טוֹבִים.

_____

3   אֵין הַיֶּלֶד חָבֵר כִּי בּוֹכֶה לוֹ.

_____

4   טוֹבָה לָהֶם אֲרוּחָה יֵשׁ.

_____

5   בָּא הַדּוֹד מִיִּשְׂרָאֵל שֶׁלָּנוּ.

_____

F.   Fill in the blank in each sentence with either יֵשׁ or אֵין to make a true statement about yourself.

0   עַכְשָׁו ___יֵשׁ___ לִי שִׁעוּר בְּעִבְרִית.   3   _____ לִי אָח גָּדוֹל.

1   בַּבַּיִת שֶׁלִּי _____ כֶּלֶב.   4   _____ לָנוּ מְכוֹנִית גְּדוֹלָה.

2   _____ לָנוּ מִשְׁפָּחָה בְּיִשְׂרָאֵל.   5   _____ לִי הַרְבֵּה סְפָרִים.

חִידוֹת
Riddles

1 מַה יֵשׁ לִי?
יֵשׁ לִי דָּבָר.
בַּדָּבָר יֵשׁ אָלֶף־בֵּית.
יֵשׁ בּוֹ מִלִּים, וְהוּא חָכָם.
יֵשׁ בּוֹ חַגִּים וְגַם שַׁבָּת.
יֵשׁ בּוֹ אַבְרָהָם, יִצְחָק, וְיַעֲקֹב.
אֵין בּוֹ דָּנִי, אוּרִי, אוֹ רַבִּי אַבְרָהָם אִבְּן־עֶזְרָא.
יֵשׁ בּוֹ הַרְבֵּה אֲנָשִׁים,
אֲבָל אֵין בּוֹ כְּלָבִים, חֲתוּלִים, וּגְמַלִּים.
יֵשׁ בּוֹ בֹּקֶר וָלַיְלָה.
יֵשׁ בּוֹ הַרְבֵּה תְּפִלּוֹת וּבְרָכוֹת.
אֲבָל אֵין בּוֹ סִפּוּרִים.

מַה יֵשׁ לִי? ________________

2 מַה יֵשׁ לִי?
יֵשׁ לִי דָּבָר.
אֵין לוֹ קוֹל, אֲבָל הוּא עוֹשֶׂה רַעַשׁ.
יֵשׁ בּוֹ דֶּלֶת, אֲבָל אֵין בּוֹ חֶדֶר.
יֵשׁ בּוֹ כִּסֵּא, אֲבָל אֵין בּוֹ שֻׁלְחָן.
יֵשׁ בּוֹ רַדְיוֹ, אֲבָל אֵין בּוֹ טֶלֶוִיזְיָה.
אִם יֵשׁ לִי כֶּסֶף, הַדָּבָר נוֹסֵעַ.
אִם אֵין לִי כֶּסֶף, הַדָּבָר עוֹמֵד.

מַה יֵשׁ לִי? ________________

3 יֵשׁ לִי דָּבָר.
בַּדָּבָר הַזֶּה יֵשׁ אֹכֶל.
בַּדָּבָר הַזֶּה יֵשׁ חָלָב, לֶחֶם, וְיַיִן.
בַּדָּבָר הַזֶּה יֵשׁ גַּם בְּגָדִים וּסְפָרִים.
יֵשׁ בַּדָּבָר דֶּלֶת וְחַלּוֹנוֹת.
כַּאֲשֶׁר אַתָּה בָּא לַדָּבָר הַזֶּה יֵשׁ לְךָ כֶּסֶף.
כַּאֲשֶׁר אַתָּה יוֹצֵא, אֵין לְךָ כֶּסֶף.

מַה יֵשׁ לִי? ________________

4 מַה יֵּשׁ לִי?

יֵשׁ לִי דָּבָר וְהוּא מָלֵא דְּבָרִים טוֹבִים.

יֵשׁ בּוֹ אֲרוּחוֹת וְשִׂמְחָה.

יֵשׁ בּוֹ עֶרֶב, בֹּקֶר, וְצָהֳרַיִם.

יֵשׁ בּוֹ תְּפִלּוֹת וְשִׁירִים.

אֵין בּוֹ עֲבוֹדָה.

יֵשׁ בּוֹ יַיִן וְנֵרוֹת, וְגַם שְׁתֵּי חַלּוֹת.

מַה יֵּשׁ לִי? _____

5 אֵין לוֹ עֵינַיִם וְהוּא רוֹאֶה.

אֵין לוֹ יָדַיִם וְהוּא עוֹשֶׂה.

אֵין לוֹ אָזְנַיִם (ears) וְהוּא שׁוֹמֵעַ.

אֵין לוֹ פֶּה (mouth) וְהוּא מְדַבֵּר.

אֵין לוֹ רַגְלַיִם וְהוּא בְּכָל מָקוֹם.

_____

You will find the answers to these חִידוֹת on p. 209.

Now try to make up some חִידוֹת of your own.

_____

_____

_____

_____

_____

_____

תַּרְגִּילִים לַחֲזָרָה

A. Circle the correct preposition.

0 הַמּוֹרָה עוֹמֶדֶת עַל (לִפְנֵי) הַכִּתָּה.

1 הוּא הוֹלֵךְ לַשּׁוּק עִם מִן הַדּוֹד שֶׁלּוֹ.

2 הַתַּלְמִיד קָרָא אֶל מִן הַסֵּפֶר הַגָּדוֹל.

3 הַיֶּלֶד רָאָה אֶת הָאֹכֶל עַל אֶל הַשֻּׁלְחָן.

4 הַמִּשְׁפָּחָה הוֹלֶכֶת אֶל עַל בֵּית-הַכְּנֶסֶת כָּל שַׁבָּת.

5 מִי עוֹמֵד מִן לִפְנֵי הַלּוּחַ ?

B. Write the Hebrew word that means the same as the English phrase.

in a room   0 הוּא יוֹשֵׁב _בְּחֶדֶר_ .

in the street   1 הָאֲנָשִׁים בּוֹנִים בַּיִת _____ .

for the house   2 הַיְלָדוֹת קוֹנוֹת כִּסֵּא _____ .

to students (f.)   3 שִׁמְעוֹן וּרְאוּבֵן נוֹתְנִים מַתָּנוֹת _____ .

to the students (m.)   4 דָּוִד נוֹתֵן אֹכֶל _____ .

to Israel   5 הֵם עוֹלִים _____ .

for the meal   6 אֵין לָאָב לֶחֶם _____ .

with the chalk   7 הַמּוֹרָה כּוֹתֶבֶת עַל הַלּוּחַ _____ .

with a pencil   8 אֲנִי כּוֹתֵב בַּמַּחְבֶּרֶת שֶׁלִּי _____ .

like a king   9 הוּא עָשִׁיר _____ .

to the teacher (m.)   10 אֲנַחְנוּ נוֹתְנִים סֵפֶר _____ .

C. Complete each sentence so that it describes what you see in the picture. Use one of the following prepositions in each sentence. Each preposition may be used only once.

מִן / אֶל / עַל / לִפְנֵי / עִם / עַל־יַד

0 הָעֵץ עוֹמֵד _עַל־יַד הַבַּיִת._ _____

1 הַמְּכוֹנִית נוֹסַעַת _____

2 הַיַּלְדָּה הוֹלֶכֶת _____

3 הָאֲנָשִׁים יוֹשְׁבִים _____

4 הָאִישׁ עוֹמֵד _____

5 יֵשׁ כִּסֵּא _____

D. Circle the particle preposition מ ל כּ בּ in each sentence and translate the sentence.

0 הוּא יָשַׁב בִּמְכוֹנִית. He sat in a car.

1 מֹשֶׁה קָרָא מִכְתָּב מִדָּן. ______

2 הַיְלָדִים יָצְאוּ מִבֵּית-הַסֵּפֶר. ______

3 הַיַּיִן הָיָה כְּמַיִם. ______

4 הָאָב הָלַךְ לִרְחוֹב הֶרְצֶל. ______

5 בְּיִשְׂרָאֵל הָאֲנָשִׁים מְדַבְּרִים עִבְרִית. ______

______

This "seat of Moses" in the Chorazin synagogue (2nd–3rd century C.E.) was reserved for the teacher of the Law.

E. Choose the correct word to complete each sentence.

הָאָחוֹת / קָנָה / חַמִּים / אֵיךְ / קָרָא / יָכוֹל / אַחַר־כָּךְ
הַגַּג / מַהֵר / לְהָבִיא / גַּנָּבִים

0 ___גַּנָּבִים___ לָקְחוּ אֶת הַכֶּסֶף מֵהַחֲנוּת.

1 הוּא הָלַךְ ______ הַבַּיְתָה כִּי יָרַד גֶּשֶׁם.

2 ______ אַתָּה יוֹדֵעַ שֶׁאֲנִי שָׂמֵחַ?

3 הַיֶּלֶד ______ אָכַל בַּשּׁוּק.

4 הֶחָתוּל עָלָה עַל ______ שֶׁל הַבַּיִת.

5 הַמּוֹרֶה ______ אֶת הַסִּפּוּר לַתַּלְמִידִים.

6 ______ הוּא שָׁאַל: "מִי יָדַע אֶת כָּל הַסִּפּוּר?"

7 עוֹשִׂים תֵּה בְּמַיִם ______.

8 אֲנִי רוֹצֶה ______ מַתָּנָה לְשׁוֹשַׁנָּה.

9 הַשֵּׁם שֶׁל ______ שֶׁלִּי רָחֵל.

10 הַדּוֹד מִנְּיוּ־יוֹרְק ______ לְדַבֵּר עִבְרִית.

Here are the answers to the חִידוֹת.

1 סִדּוּר 2 מְכוֹנִית 3 חֲנוּת 4 שַׁבָּת 5 אֱלֹהִים

F. Write the Hebrew word that means the same as the English to its right. Note that all words in each tower begin with the same letter.

				מ	from
				מ	who
				מ	full
				מ	king
				מ	gift
				מ	family

			ע	on
			ע	with
			ע	with him
			ע	city
			ע	ten
			ע	he stands

			ש	of
			ש	put
			ש	market
			ש	quiet
			ש	oil
			ש	black
			ש	she drinks

Here is an interesting story about the first translation of the Bible from Hebrew.

תַּרְגּוּם[1] הַשִּׁבְעִים

[1]Septuagint (Greek translation of the Bible)

לִפְנֵי הַרְבֵּה שָׁנִים דִּבְּרוּ יְוָנִית[1] בְּאֶרֶץ מִצְרַיִם[2] וּבְהַרְבֵּה אֲרָצוֹת אֲחֵרוֹת. הַמֶּלֶךְ בְּאֶרֶץ מִצְרַיִם הָיָה תַּלְמַי (Ptolemy) הַיְּוָנִי[1]. הַמֶּלֶךְ הָיָה חָכָם וְאָהַב לִקְרֹא סְפָרִים. הוּא בָּנָה סִפְרִיָּה[1] גְּדוֹלָה וְקָנָה סְפָרִים בִּיוָנִית מִכָּל הָעוֹלָם[1].

[1]Greek [2]Egypt
[1]the Greek
[1]library
[1]world

יוֹם אֶחָד שָׁאַל הַמֶּלֶךְ אֶת הַסַּפְרָן[1] שֶׁלּוֹ:
״כַּמָּה סְפָרִים יֵשׁ לִי בַּסִּפְרִיָּה שֶׁלִּי?״
עָנָה הַסַּפְרָן: ״תְּשַׁע מֵאוֹת תִּשְׁעִים וַחֲמִשָּׁה[1] סְפָרִים.״
צָחַק הַמֶּלֶךְ וְאָמַר: ״אֲנִי רוֹצֶה עוֹד חֲמִשָּׁה סְפָרִים. אֲנִי רוֹצֶה אֶלֶף[1] סְפָרִים בַּסִּפְרִיָּה שֶׁלִּי!״
אָמַר לוֹ הַסַּפְרָן: ״שָׁמַעְתִּי שֶׁבִּירוּשָׁלַיִם יֵשׁ סְפָרִים חֲשׁוּבִים[1]. נִכְתֹּב[1] לַכֹּהֵן[2] הַגָּדוֹל בִּירוּשָׁלַיִם.״
הַמֶּלֶךְ שָׁמַע לַסַּפְרָן וְכָתַב מִכְתָּב[1] לַכֹּהֵן הַגָּדוֹל:

[1]librarian
[1]995
[1]thousand
[1]important
[1]we will write [2]priest
[1]letter

לַכֹּהֵן הַגָּדוֹל בִּירוּשָׁלַיִם, שָׁלוֹם:
שָׁמַעְתִּי שֶׁיֵּשׁ לָכֶם סְפָרִים חֲשׁוּבִים בְּעִבְרִית. אֲנִי בּוֹנֶה סִפְרִיָּה גְּדוֹלָה וְקוֹנֶה סְפָרִים בִּיוָנִית מִכָּל הָעוֹלָם. אֵין לִי הַסְּפָרִים הַחֲשׁוּבִים שֶׁל הַיְּהוּדִים. בְּבַקָּשָׁה לִשְׁלֹחַ[1] לִי אֶת הַסְּפָרִים, וְגַם חֲכָמִים יְהוּדִים שֶׁיִּתַרְגְּמוּ[1] אֶת הַסְּפָרִים.

[1]to send
[1]to translate

תּוֹדָה רַבָּה,
תַּלְמַי, מֶלֶךְ מִצְרַיִם

הַכֹּהֵן הַגָּדוֹל שָׁלַח לְמֶלֶךְ מִצְרַיִם שִׁבְעִים[1] חֲכָמִים

70[1]

שֶׁיָּדְעוּ יְוָנִית. כַּאֲשֶׁר הַחֲכָמִים בָּאוּ לְמִצְרַיִם, הַמֶּלֶךְ

25

נָתַן לְכָל חָכָם חֶדֶר בְּבֵית־הַמֶּלֶךְ. הַמֶּלֶךְ אָמַר לְכָל

חָכָם: "שֵׁב[1] בַּחֶדֶר שֶׁלְּךָ וְתַרְגֵּם אֶת כָּל הַסְּפָרִים."

sit[1]

יָשְׁבוּ שִׁבְעִים הַחֲכָמִים בְּבֵית־הַמֶּלֶךְ בְּמִצְרַיִם

וְתִרְגְּמוּ אֶת הַסְּפָרִים מֵעִבְרִית לִיוָנִית. כַּאֲשֶׁר גָּמְרוּ

הַחֲכָמִים לְתַרְגֵּם, הֵם הֵבִיאוּ[1] אֶת הַתַּרְגּוּמִים לְתַלְמַי

brought[1]

30

הַמֶּלֶךְ. כָּל חָכָם קָרָא אֶת הַתַּרְגּוּם שֶׁלּוֹ לִפְנֵי הַמֶּלֶךְ,

וְהִנֵּה דָּבָר גָּדוֹל וְנִפְלָא[1]!

wonderful[1]

כָּל הַתַּרְגּוּמִים הָיוּ דוֹמִים[1] מִלָּה בְמִלָּה[2].

similar[1] word for word[2]

הַמֶּלֶךְ שָׂמַח שִׂמְחָה גְדוֹלָה. הוּא נָתַן לַחֲכָמִים
כֶּסֶף וְזָהָב, וְשָׁלַח אוֹתָם לִירוּשָׁלַיִם בְּכָבוֹד[1] גָּדוֹל.

[1] honor

35

הַתַּרְגּוּם הַזֶּה הָיָה הַתַּרְגּוּם הָרִאשׁוֹן שֶׁל
חֲמִשָּׁה חֻמְשֵׁי הַתּוֹרָה[1]. קָרְאוּ לַתַּרְגּוּם
"תַּרְגּוּם הַשִּׁבְעִים".
וְהָאֲנָשִׁים שֶׁיָּדְעוּ יְוָנִית יָכְלוּ לִקְרֹא אֶת הַתּוֹרָה.
כָּךְ הַתּוֹרָה הָיְתָה לַסֵּפֶר חָשׁוּב בְּכָל הָעוֹלָם.

[1] five books of the Torah

מִלּוֹן

Egypt	מִצְרַיִם
priest	כֹּהֵן
letter	מִכְתָּב
to send	לִשְׁלֹחַ — שלח√
important	חָשׁוּב
became	הָיְתָה לְ...
world	עוֹלָם
library	סִפְרִיָּה
sit!	שֵׁב, שְׁבִי, שְׁבוּ

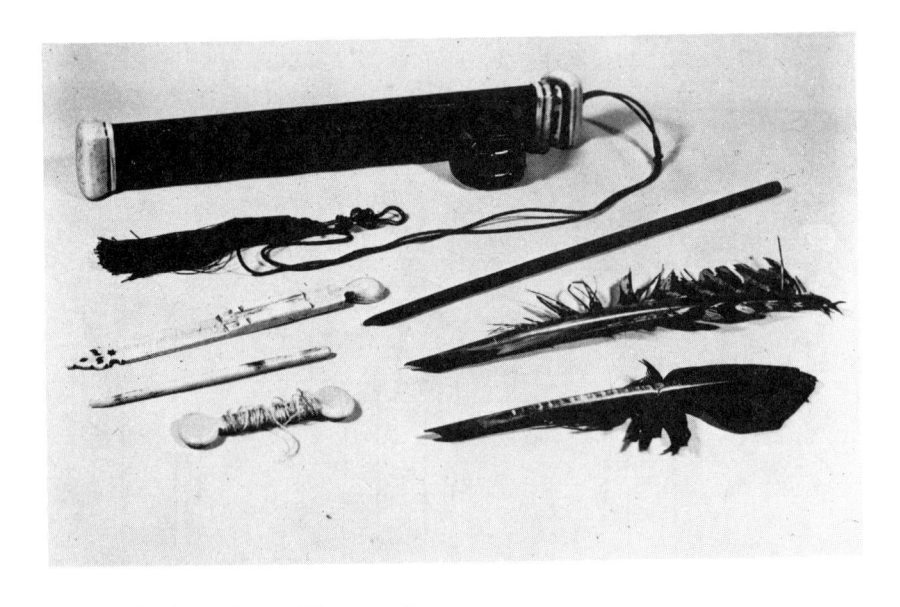

Writing implements used by a scribe.

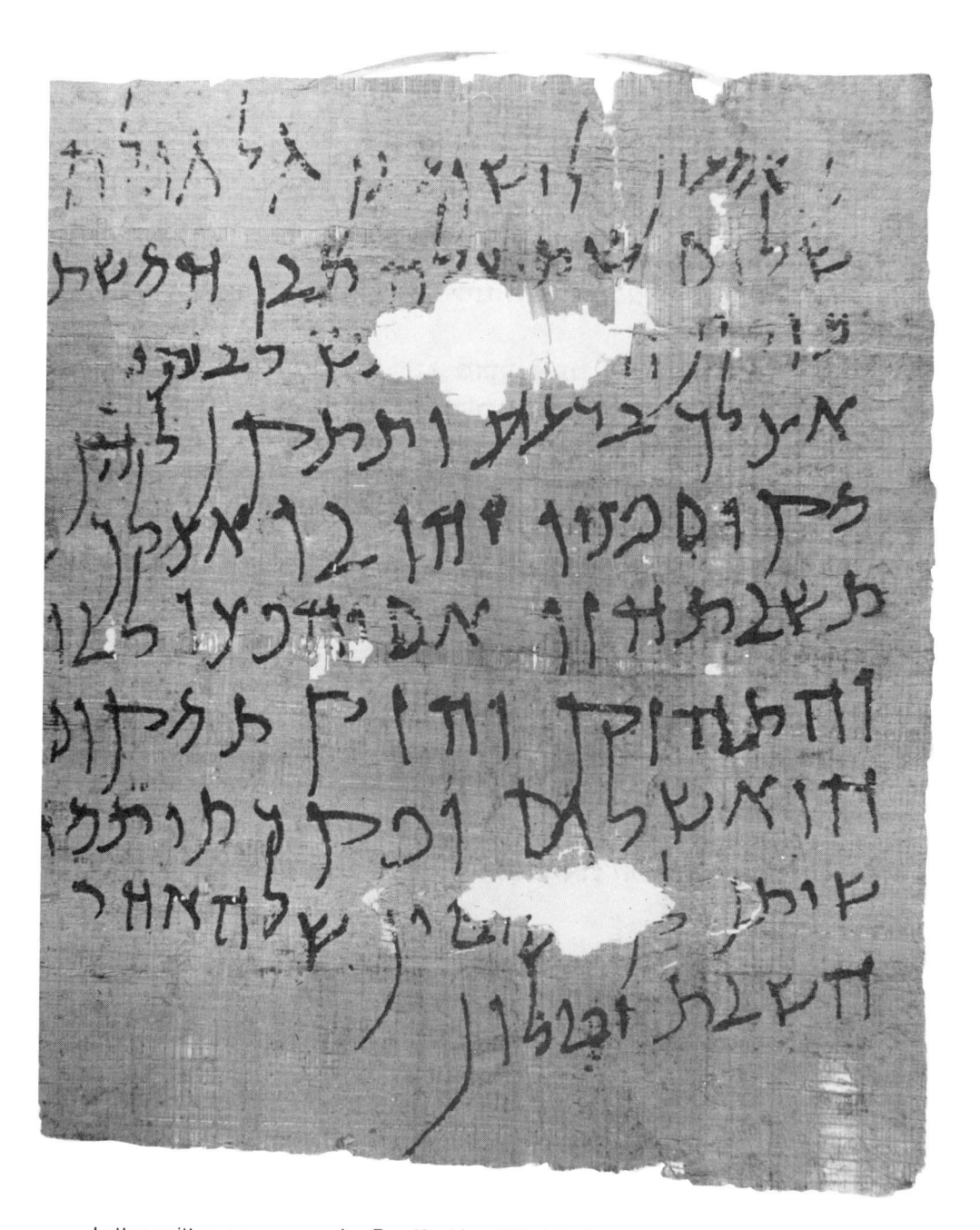

Letter written on papyrus by Bar Kochba (132–135 C.E.) It opens: From Shimon to Yeshua ben Galgolah, shalom ... The recipient of the letter was one of Bar Kochba's army commanders.

איך לחַלֵק את הגמלים

רבי אברהם אִבן־עזרא חי לפני הרבה שנים. הוא היה גדול בתורה, וגם ידע מָתמָטיקה.

פעם אחת, רבי אברהם הלך בדרך. הוא רכב על גמל וראה שלושה אנשים עומדים עם הרבה גמלים. האנשים צָעֲקו בכעס.

שאל רבי אברהם: ״מה זה? מדוע אתם צועקים?״

ענה איש אחד: ״אנחנו שלושה אחים, ראובן, שמעון וְלֵוִי. יש למשפחה שלנו שבעה־עשׂר גמלים. אבא שלנו מת, והוא נתן גמלים לכל בן. אבא נתן לראובן חצי מהגמלים, כי הוא הבן הראשון. אבא נתן לשמעון שליש, כי הוא הבן השני. ואבא נתן ללוִי תשיעית, כי הוא הבן הקטן. אבל אנחנו לא יודעים איך לחלק שבעה־עשר גמלים.״

רבי אברהם אמר: ״אתם רואים — יש לי גמל אחד. אני נותן לכם את הגמל שלי. עכשיו יש לכם שמונה־עשר גמלים. ראובן לוקח חצי, ויש לו תשעה גמלים. שמעון לוקח שליש, ויש לו שישה גמלים. לוִי לוקח תשיעית, ויש לו שני גמלים.״

האנשים שמחו. עכשיו ידעו איך לחלק את הגמלים שלהם. כאשר גמרו, ראו שגמל אחד נשאר.

שאלו: ״של מי הגמל הזה?״

אמר רבי אברהם: ״זה הגמל שלי!״ והוא לקח את הגמל והלך בשמחה.

חֲזָרָה

Review of Grammatical Principles

Nouns (1 יְחִידָה)

All nouns are either masculine or feminine.

The masculine noun in the singular form may end in different letters.

סִפּוּר חַג תַּלְמִיד

The feminine singular noun usually ends in ָה or ת.

דּוֹדָה מְנוֹרָה כִּתָּה

דֶּלֶת מַחְבֶּרֶת בַּת

There is a distinctive plural ending for each gender.

Most masculine nouns form their plural by adding ִים to the singular.

סִפּוּרִים חַגִּים תַּלְמִידִים

Most feminine nouns form their plural by dropping the ָה and adding וֹת.

דּוֹדוֹת מְנוֹרוֹת כִּתּוֹת

Definite Article (יְחִידָה 1)

There is no indefinite article in Hebrew. סֵפֶר means either *book* or *a book.*

The definite article *the* is הַ, which is attached to the beginning of the word to make the word definite.

the book הַסֵּפֶר = סֵפֶר + הַ

Present Tense — הֹוֶה (יְחִידָה 1)

Most verbs have a three-consonant root called a שֹׁרֶשׁ. √סגר – לִסְגֹּר

Each tense has a basic vowel pattern. Here is the pattern for the present tense.

Masculine Plural		Masculine Singular	
	אֲנַחְנוּ		אֲנִי
סוֹגְרִים	אַתֶּם	סוֹגֵר	אַתָּה
	הֵם		הוּא

Feminine Plural		Feminine Singular	
	אֲנַחְנוּ		אֲנִי
סוֹגְרוֹת	אַתֶּן	סוֹגֶרֶת	אַתְּ
	הֵן		הִיא

In Hebrew there is only one form of the verb in the present tense. The verb סוֹגֵר can be translated as *closes, is closing, does close.*

Basic Verbal Sentence (יְחִידָה 1)

In Hebrew, as in English, the verb normally follows the subject.

הַיֶּלֶד הוֹלֵךְ.
הַתַּלְמִידָה לוֹמֶדֶת.

Subject-Verb Agreement (יְחִידָה 1)

The subject and verb must agree in gender and number.

הַתַּלְמִידִים לוֹמְדִים.   הַתַּלְמִיד לוֹמֵד.
הַתַּלְמִידוֹת לוֹמְדוֹת.   הַתַּלְמִידָה לוֹמֶדֶת.

Personal Pronouns (יְחִידָה 2)

The personal pronouns in Hebrew are:

we	אֲנַחְנוּ	I	אֲנִי
you (m.pl.)	אַתֶּם	you (m.s.)	אַתָּה
you (f.pl.)	אַתֶּן	you (f.s.)	אַתְּ
they (m.)	הֵם	he	הוּא
they (f.)	הֵן	she	הִיא

Past Tense — עָבָר Third Person (יְחִידָה 2)

The forms of the third person, past tense are:

הֵם כָּתְבוּ.   הוּא כָּתַב.
הֵן כָּתְבוּ.   הִיא כָּתְבָה.

In Hebrew there is only one form of the past tense.
הוּא כָּתַב can be translated as he *wrote*, he *did write*, he *had written*,
he *has written*, he *was writing*.

The third person masculine singular in the past tense — כָּתַב — is
called the **base form** of the verb.

Negation (יְחִידָה 2)

To form a negative sentence, we place the word לֹא before the verb.

הַיֶּלֶד יוֹשֵׁב.   הַיֶּלֶד לֹא יוֹשֵׁב.

דִּינָה לוֹמֶדֶת.   דִּינָה לֹא לוֹמֶדֶת.

The Conjunction *and* וְ (יְחִידָה 2)

The conjunction *and* is expressed in Hebrew by וְ attached to the beginning of the second word of the pair.

דָּן וְרוּת לוֹמְדִים.

הֵם כָּתְבוּ וְקָרְאוּ.

Verb Sentences and Noun Sentences (יְחִידָה 3)

A verb sentence has both a subject and a verb.

יַעֲקֹב כּוֹתֵב.

  v   s

רוּת אָמְרָה.

  v   s

A noun sentence has no verb — only nouns, pronouns and adjectives. This is possible because in Hebrew, there is no present tense form of the verb *to be*. The verbs *am, is,* or *are,* are understood from the context of the sentence.

When we translate a noun sentence, we have to supply the appropriate English form of the verb *to be*.

Moshe (is) a teacher.   מֹשֶׁה מוֹרֶה.

We (are) students.   אֲנַחְנוּ תַּלְמִידִים.

Demonstrative Pronouns (יְחִידָה 3)

The demonstrative pronouns in Hebrew are:

this (m.s.)	זֶה
this (f.s.)	זֹאת
these (m. or f.pl.)	אֵלֶּה

זֶה זֹאת אֵלֶּה may be used as pronouns in a noun sentence.

This (is) Joseph.	זֶה יוֹסֵף.
This (is) a notebook.	זֹאת מַחְבֶּרֶת.
These (are) boys.	אֵלֶּה יְלָדִים.
These (are) girls.	אֵלֶּה יְלָדוֹת.

יֵשׁ/אֵין (יְחִידָה 3)

יֵשׁ means *there is* or *there are.*

אֵין means *there is no* or *there are no.*

These words are placed before the noun.

There is a book.	יֵשׁ סֵפֶר.
There are no books.	אֵין סְפָרִים.

Present Tense of Verbs Ending in ה (יְחִידָה 3)

The vowel pattern for verbs that have a ה as the third letter of the שֹׁרֶשׁ is:

קנה√ – לִקְנוֹת

אֲנִי		אֲנַחְנוּ	
אַתָּה	קוֹנֶה	אַתֶּם	קוֹנִים
הוּא		הֵם	
אֲנִי		אֲנַחְנוּ	
אַתְּ	קוֹנָה	אַתֶּן	קוֹנוֹת
הִיא		הֵן	

Interrogatives (יְחִידָה 4)

Some question words in Hebrew are:

where?	אֵיפֹה	who?	מִי?
when?	מָתַי?	what?	מַה?

These are added as the first word of the sentence.

אֵיפֹה מִרְיָם? מִי זֶה?

מָתַי אַבָּא בַּבַּיִת? מָה אַתָּה לוֹמֵד?

We can also ask a question in Hebrew by placing the interrogative word הַאִם at the beginning of the sentence. It takes the place of verbs like *does*, *is*, and *are*, in English sentences.

הַאִם דָּן כּוֹתֵב?

הַאִם הַתַּלְמִידִים חֲכָמִים?

Use of אֶת (יְחִידָה 4)

The word אֶת is placed before a definite, direct object of the verb.

דָּן קוֹרֵא אֶת הַסֵּפֶר.

אֲנִי רוֹאֶה אֶת דָּן.

Adjectives (יְחִידָה 5)

Adjectives follow the noun they modify.

אִשָּׁה יָפָה מוֹרֶה טוֹב

Adjectives must agree with the noun in number and gender.

תַּלְמִידִים חֲכָמִים סֵפֶר טוֹב

תַּלְמִידוֹת חֲכָמוֹת כִּתָּה טוֹבָה

If the noun is indefinite, the adjective must also be indefinite.

יַלְדָּה יָפָה יֶלֶד קָטָן

If the noun is definite, the adjective must also be definite.

הַיַּלְדָּה הַיָּפָה הַיֶּלֶד הַקָּטָן

Adjectives in Noun Sentences (5 יְחִידָה)

A noun sentence can also be formed using a noun plus an adjective.

The house (is) big.	הַבַּיִת גָּדוֹל.
The girl (is) small.	הַיַּלְדָּה קְטַנָּה.

Each is a complete sentence. In a noun sentence, the adjective does not need the definite article, even though the subject is definite.

Possession (6 יְחִידָה)

The preposition שֶׁל indicates belonging or possession.

Dan's book.	הַסֵּפֶר שֶׁל דָּן.

Declension of Possessive Pronouns (6 יְחִידָה)

	Plural		Singular
our, ours	שֶׁלָּנוּ	my, mine	שֶׁלִּי
your, yours (m.pl.)	שֶׁלָּכֶם	your, yours (m.s.)	שֶׁלְּךָ
your, yours (f.pl.)	שֶׁלָּכֶן	your, yours (f.s.)	שֶׁלָּךְ
their, theirs (m.)	שֶׁלָּהֶם	his, its	שֶׁלּוֹ
their, theirs (f.)	שֶׁלָּהֶן	her, hers, its	שֶׁלָּהּ

The possessive pronouns ... שֶׁלִּי, שֶׁלְּךָ always follow the noun.

הַכֶּלֶב שֶׁלִּי.

The noun always takes the definite article הַ with the possessive pronoun.

הַמִּכְתָּב שֶׁלִּי.

שֶׁלּוֹ can mean *his* or *its* — masculine.
שֶׁלָּהּ can mean *her(s)* or *its* — feminine.

Verbs with ח or ע as the Third Root Letter — Present Tense (6 יְחִידָה)

לִשְׁמֹעַ — שמע√

אֲנִי			אֲנַחְנוּ	
אַתָּה	שׁוֹמֵעַ		אַתֶּם	שׁוֹמְעִים
הוּא			הֵם	

אֲנִי			אֲנַחְנוּ	
אַתְּ	שׁוֹמַעַת		אַתֶּן	שׁוֹמְעוֹת
הִיא			הֵן	

Past Tense — עָבָר (7 יְחִידָה)

לִסְגֹּר — סגר√

אֲנִי סָגַרְתִּי	אֲנַחְנוּ סָגַרְנוּ
אַתָּה סָגַרְתָּ	אַתֶּם סְגַרְתֶּם
אַתְּ סָגַרְתְּ	אַתֶּן סְגַרְתֶּן
הוּא סָגַר	הֵם סָגְרוּ
הִיא סָגְרָה	הֵן סָגְרוּ

Prepositions (8 יְחִידָה)

A preposition introduces a phrase that modifies (describes) a verb or a noun.

Prepositional phrases that modify verbs are called adverbial phrases.

Sarah went to school. — שָׂרָה הָלְכָה לְבֵית-הַסֵּפֶר.

She sat with her friends. — הִיא יָשְׁבָה עִם הַחֲבֵרִים שֶׁלָּהּ.

Father came from the city. — אַבָּא בָּא מִן הָעִיר.

Prepositional phrases that modify nouns we call adjectival phrases.

The door of the house was large. — הַדֶּלֶת שֶׁל הַבַּיִת הָיְתָה גְּדוֹלָה.

The teacher from the kibbutz wrote a story. — הַמּוֹרֶה מִן הַקִּבּוּץ כָּתַב סִפּוּר.

Particle Prepositions ב כ ל מ (יְחִידָה 8)

In Hebrew there are four prepositions that are particles (partial words). Each consists of a consonant that is attached to a noun.

in on / at by / with	בּ
as like	כּ
to	ל
from	מ

in a room	בְּחֶדֶר
at six	בְּשֵׁשׁ
on Sunday	בְּיוֹם רִאשׁוֹן
with a pencil	הוּא כּוֹתֵב בְּעִפָּרוֹן.
by (means of) car	הוּא נָסַע בִּמְכוֹנִית.
like a student	כְּתַלְמִיד
to a teacher	לְמוֹרֶה
from Grandma	מִסַּבְתָּא

Particle Prepositions ב כ ל with the Definite Article ה (יְחִידָה 8)

When the particle prepositions ב כ ל precede a definite noun, the ה of the noun is dropped and the preposition takes its vowel.

in the book	בַּסֵּפֶר	בְּ + הַ = בַּ
like the student	כַּתַּלְמִיד	כְּ + הַ = כַּ
to the teacher	לַמּוֹרָה	לְ + הַ = לַ

Before a proper noun, the particle preposition is vocalized בְּ כְּ לְ מִ.

I am in Israel.	אֲנִי בְּיִשְׂרָאֵל.
I am traveling to Tel-Aviv.	אֲנִי נוֹסֵעַ לְתֵל־אָבִיב.
I sing like David.	אֲנִי שָׁר כְּדָוִד.
I am traveling from Jaffa.	אֲנִי נוֹסֵעַ מִיָּפוֹ.

Prepositions with Pronominal (Personal) Endings (יְחִידָה 9)

In Hebrew, we can add personal endings to many prepositions. The endings tell us *who* or *what* is affected by the preposition.
Here are some frequently used prepositions with pronominal endings.

with עִם	in בְּ	to לְ	of שֶׁל
עִמִּי	בִּי	לִי	שֶׁלִּי
עִמְּךָ	בְּךָ	לְךָ	שֶׁלְּךָ
עִמָּךְ	בָּךְ	לָךְ	שֶׁלָּךְ
עִמּוֹ	בּוֹ	לוֹ	שֶׁלּוֹ
עִמָּהּ	בָּהּ	לָהּ	שֶׁלָּהּ
עִמָּנוּ	בָּנוּ	לָנוּ	שֶׁלָּנוּ
עִמָּכֶם	בָּכֶם	לָכֶם	שֶׁלָּכֶם
עִמָּכֶן	בָּכֶן	לָכֶן	שֶׁלָּכֶן
עִמָּהֶם	בָּהֶם	לָהֶם	שֶׁלָּהֶם
עִמָּהֶן	בָּהֶן	לָהֶן	שֶׁלָּהֶן

Possessive Sentences — יֵשׁ לְ... / אֵין לְ... (יְחִידָה 9)

In order to indicate possession we use the expression יֵשׁ לְ...

Sarah has food. — יֵשׁ לְשָׂרָה אֹכֶל.

In order to negate possession, we use the expression אֵין לְ...

Sarah has no food. — אֵין לְשָׂרָה אֹכֶל.

When we want to say *I have, you have,* ... we use the preposition ל plus the personal endings.

I have food. — יֵשׁ לִי אֹכֶל.

You have food. — יֵשׁ לְךָ אֹכֶל.

Plural		Singular	
we have	יֵשׁ לָנוּ	I have	יֵשׁ לִי
you (m.pl.) have	יֵשׁ לָכֶם	you (m.s.) have	יֵשׁ לְךָ
you (f.pl.) have	יֵשׁ לָכֶן	you (f.s.) have	יֵשׁ לָךְ
they (m.) have	יֵשׁ לָהֶם	he has	יֵשׁ לוֹ
they (f.) have	יֵשׁ לָהֶן	she has	יֵשׁ לָהּ

Future Tense

Even though you have not learned the future tense yet, we are including the pattern here, so that you may familiarize yourself with it.

סגר√ — לִסְגֹּר

אֲנִי אֶסְגֹּר	אֲנַחְנוּ נִסְגֹּר
אַתָּה תִּסְגֹּר	אַתֶּם תִּסְגְּרוּ
אַתְּ תִּסְגְּרִי	אַתֶּן תִּסְגֹּרְנָה
הוּא יִסְגֹּר	הֵם יִסְגְּרוּ
הִיא תִּסְגֹּר	הֵן תִּסְגֹּרְנָה

Numbers — with Feminine Nouns

1	אַחַת	11	אַחַת עֶשְׂרֵה
2	שְׁתַּיִם (שְׁתֵּי)	12	שְׁתֵּים עֶשְׂרֵה
3	שָׁלֹשׁ	13	שְׁלֹשׁ עֶשְׂרֵה
4	אַרְבַּע	14	אַרְבַּע עֶשְׂרֵה
5	חָמֵשׁ	15	חֲמֵשׁ עֶשְׂרֵה
6	שֵׁשׁ	16	שֵׁשׁ עֶשְׂרֵה
7	שֶׁבַע	17	שְׁבַע עֶשְׂרֵה
8	שְׁמֹנֶה	18	שְׁמֹנֶה עֶשְׂרֵה
9	תֵּשַׁע	19	תְּשַׁע עֶשְׂרֵה
10	עֶשֶׂר	20	עֶשְׂרִים

When numbers appear without a noun, as in counting, arithmetic, a telephone number or an address, the feminine form is always used.

Verb Paradigms

קַל – שְׁלֵמִים

סגר√ close

לִסְגֹּר to close

Present הֹוֶה

אֲנִי		אֲנִי	
אַתָּה	סוֹגֵר	אַתְּ	סוֹגֶרֶת
הוּא		הִיא	
אֲנַחְנוּ		אֲנַחְנוּ	
אַתֶּם	סוֹגְרִים	אַתֶּן	סוֹגְרוֹת
הֵם		הֵן	

Past עָבָר

אֲנִי סָגַרְתִּי	אֲנַחְנוּ סָגַרְנוּ
אַתָּה סָגַרְתָּ	אַתֶּם סְגַרְתֶּם
אַתְּ סָגַרְתְּ	אַתֶּן סְגַרְתֶּן
הוּא סָגַר	הֵם סָגְרוּ
הִיא סָגְרָה	הֵן סָגְרוּ

Future עָתִיד

אֲנִי אֶסְגֹּר	אֲנַחְנוּ נִסְגֹּר
אַתָּה תִּסְגֹּר	אַתֶּם תִּסְגְּרוּ
אַתְּ תִּסְגְּרִי	אַתֶּן תִּסְגֹּרְנָה
הוּא יִסְגֹּר	הֵם יִסְגְּרוּ
הִיא תִּסְגֹּר	הֵן תִּסְגֹּרְנָה

קַל — ל״ח, ל״ע (3rd root letter 'ע' or 'ח')

שמע√	hear
לִשְׁמֹעַ	to hear

Present הֹוֶה

אֲנִי אַתָּה הוּא	שׁוֹמֵעַ	אֲנִי אַתְּ הִיא	שׁוֹמַעַת
אֲנַחְנוּ אַתֶּם הֵם	שׁוֹמְעִים	אֲנַחְנוּ אַתֶּן הֵן	שׁוֹמְעוֹת

קַל — ל״ה (3rd root letter 'ה')

קנה√	buy
לִקְנוֹת	to buy

Present הֹוֶה

אֲנִי אַתָּה הוּא	קוֹנֶה	אֲנִי אַתְּ הִיא	קוֹנָה
אֲנַחְנוּ אַתֶּם הֵם	קוֹנִים	אֲנַחְנוּ אַתֶּן הֵן	קוֹנוֹת

Days of the Week

Sunday	יוֹם רִאשׁוֹן
Monday	יוֹם שֵׁנִי
Tuesday	יוֹם שְׁלִישִׁי
Wednesday	יוֹם רְבִיעִי
Thursday	יוֹם חֲמִישִׁי
Friday	יוֹם שִׁשִּׁי
Saturday	שַׁבָּת

The caves at Qumran were the hiding places for the Dead Sea Scrolls.

מִלּוֹן

It is assumed that the student has already mastered a **basic Hebrew vocabulary** before beginning this text. The following words, therefore, do not appear in the vocabulary lists of each unit, but are used in the reading selections and exercises.

please	בְּבַקָּשָׁה	father	אַבָּא
Come!	בּוֹא, בּוֹאִי, בּוֹאוּ	master, Mr.	אָדוֹן
house	בַּיִת	eats	אוֹכֵל, אוֹכֶלֶת
synagogue	בֵּית-כְּנֶסֶת	there is no, none	אֵין
school	בֵּית-סֵפֶר	where	אֵיפֹה
son	בֵּן	man, person	אִישׁ
morning	בֹּקֶר	God	אֱלֹהִים
blessing	בְּרָכָה	to	אֶל
Bar Mitzvah	בַּר מִצְוָה	alphabet	אָלֶף-בֵּית
Bat Mitzvah	בַּת מִצְוָה	mother	אִמָּא
daughter	בַּת	says	אוֹמֵר, אוֹמֶרֶת
		we	אֲנַחְנוּ
big, large	גָּדוֹל, גְּדוֹלָה	I	אֲנִי
chalk	גִּיר	**Land of Israel**	אֶרֶץ יִשְׂרָאֵל
also too	גַּם	woman	אִשָּׁה
garden	גַּן	you (*f.s.*)	אַתְּ
		you (*m.s.*)	אַתָּה
door	דֶּלֶת	you (*m.pl.*)	אַתֶּם
		you (*f.pl.*)	אַתֶּן
he, she	הוּא, הִיא		
goes	הוֹלֵךְ, הוֹלֶכֶת, הוֹלְכִים	in	בְּ... בַּ...
was	הָיָה	comes	בָּא, בָּאָה, בָּאִים

הַיּוֹם	today
הֵם, הֵן	they (*m., f.*)
הִנֵּה	here
וְ . . .	and
זֹאת	this (*f.*)
זֶה	this (*m.*)
חָבֵר, חֲבֵרָה	friend (*m., f.*)
חַג	holiday
חֶדֶר	room
חַזָּן	cantor
חַלָּה	ḥallah
חַלּוֹן	window
חֲנֻכָּה	Ḥanukkah
ט״ו בִּשְׁבָט	Tu B'Shvat
טוֹב, טוֹבָה, טוֹבִים	good
טַלִּית	prayer shawl
יָד	hand
יוֹדֵעַ, יוֹדַעַת, יוֹדְעִים	knows
יוֹם	day
יוֹם כִּפּוּר	Yom Kippur
יוֹשֵׁב, יוֹשֶׁבֶת, יוֹשְׁבִים	sits
יַיִן	wine
יֶלֶד, יַלְדָּה	boy, girl
יְלָדִים	children
יָפֶה, יָפָה	nice, pretty
יְרוּשָׁלַיִם	Jerusalem
יֵשׁ	there is, has
יֵשׁ לִי	I have
יִשְׂרָאֵל	Israel
כִּי	because
כָּל	every, all
כֶּלֶב	dog
כֵּן	yes
כִּסֵּא	chair
כֶּסֶף	money
כִּפָּה	skullcap
כִּתָּה	classroom

לְ... לַ...	to
לֹא	no
לְהִתְרָאוֹת	See you!
לוּחַ	blackboard
לוֹמֵד, לוֹמֶדֶת, לוֹמְדִים	learns, studies
לוֹקֵחַ, לוֹקַחַת	takes
לִפְנֵי	before
מְאֹד	very
מְדַבֵּר, מְדַבֶּרֶת, מְדַבְּרִים	talks
מַה	what
מוֹרֶה, מוֹרָה	teacher
מַחְבֶּרֶת	notebook
מְזוּזָה	mezuzah
מַזָּל טוֹב	Congratulations!
מִי	who
מַיִם	water
מֶלֶךְ, מַלְכָּה	king, queen
מִן	from
מְנוֹרָה	menorah
מַצָּה	matzah
מִצְוָה	commandment
מִשְׁפָּחָה	family
נוֹתֵן, נוֹתֶנֶת, נוֹתְנִים	gives
נָכוֹן	correct
נֵר, נֵרוֹת	candle(s)
סִדּוּר	prayerbook
סֻכָּה	sukkah
סֻכּוֹת	Sukkot
סִפּוּר	story
סֵפֶר	book
עִבְרִית	Hebrew
עוֹמֵד, עוֹמֶדֶת, עוֹמְדִים	stands
עַל	on
עִם	with
עִפָּרוֹן	pencil
עֵץ	tree
עֶרֶב	evening
פֹּה	here
פּוּרִים	Purim
פֶּסַח	Passover

צְדָקָה	charity
קִדּוּשׁ	Kiddush
קוּם, קוּמִי, קוּמוּ	Stand up!
קָטָן, קְטַנָּה	small
רֹאשׁ	head
רֹאשׁ הַשָּׁנָה	Rosh Hashanah
רַב, רַבִּי	rabbi
רוֹאֶה, רוֹאָה	sees
רוֹצֶה, רוֹצָה	wants
רַע, רָעָה, רָעִים	bad
שְׁאֵלָה	question
שָׁבוּעַ	week
שָׁבוּעוֹת	Shavuot
שַׁבָּת	Sabbath
שַׁבָּת שָׁלוֹם	A good Sabbath!
שׁוֹמֵעַ, שׁוֹמַעַת, שׁוֹמְעִים	hears
שׁוֹפָר	shofar
שִׁיר	song
שֶׁל, שֶׁלִּי	belonging to, mine
שָׁלוֹם	hello, goodbye, peace
שֻׁלְחָן	table
שֵׁם, שְׁמִי	name, my name
שָׁנָה טוֹבָה	Happy New Year!
שֶׁקֶט	quiet
תּוֹדָה	thank you
תּוֹרָה	Torah
תַּלְמִיד, תַּלְמִידָה	pupil
תַּלְמִידִים, תַּלְמִידוֹת	pupils
תְּפִלָּה	prayer
מִסְפָּרִים	**numbers**
אַחַת	one
שְׁתַּיִם	two
שָׁלֹשׁ	three
אַרְבַּע	four
חָמֵשׁ	five

Here is a list of all the words learned in Units 1–9. Most of the words are from the מִלּוֹן section that follows each reading selection. Others have been introduced in the grammar explanations or in the exercises.

The number alongside the word indicates the unit where it *first* appears.

Nouns are listed in their singular form; **adjectives** in their masculine, singular form.

Verbs appear in the present tense, masculine singular form, and in the base form (past tense, third person masculine singular).

If a verb appears in a reading selection or elsewhere in the infinitive form (לִרְאוֹת, לָלֶכֶת), it will appear here in that form.

מִלּוֹן לְשָׁלָב א׳

א

UNIT		
4	father	אָב
3	spring	אָבִיב
1	but	אֲבָל
7	sir	אֲדוֹנִי
3	liked	אָהַב
5	or	אוֹ
3	likes, loves	אוֹהֵב
2	perhaps	אוּלַי
8	him	אוֹתוֹ
6	brother	אָח
6	sister	אָחוֹת
8	another	אַחֵר
8	after	אַחֲרֵי
8	afterwards	אַחַר־כָּךְ
7	how	אֵיךְ
3	there is (are) no	אֵין
4	food	אֹכֶל
8	to	אֶל
3	these	אֵלֶּה
4	mother	אֵם
3	if	אִם
7	true, truth	אֱמֶת
3	people, men	אֲנָשִׁים
6	lunch	אֲרוּחַת צָהֳרַיִם
8	closet	אָרוֹן
3	ground, land	אֶרֶץ
7	fire (f.)	אֵשׁ
2	yesterday	אֶתְמוֹל

ב

UNIT		
1,8	in, on, at, by, with	...בּ
7	really, truly	בֶּאֱמֶת
4	clothing	בֶּגֶד
9	on the way	בַּדֶּרֶךְ
9	in her	בָּהּ
9	in them (m.)	בָּהֶם
9	in them (f.)	בָּהֶן
9	in him	בּוֹ
3	cries	בּוֹכֶה
3	builds	בּוֹנֶה
3	outside	בַּחוּץ

	UNIT	
בִּי	9	in me
בֵּין	8	between, among
בֵּיצָה	5	egg
בְּךָ	9	in you (m.s.)
בָּךְ	9	in you (f.s.)
בָּכָה	3	cried
בְּכָל מָקוֹם	3	everywhere
בָּכֶם	9	in you (m.pl.)
בָּכֶן	9	in you (f.pl.)
בְּכַעַס	9	angrily
בֶּן־דּוֹד	7	cousin
בָּנָה	3	built
בָּנוּ	9	in us
בָּנָנָה	5	banana
בְּסֵדֶר	2	O.K. (in order)
בְּקוֹל	4	loudly
בִּקֵּשׁ	7	asked, requested
בָּרֶגֶל	6	on foot
בָּשָׂר	4	meat
בַּת, בָּנוֹת	1	daughter(s)

ג

גְּבִינָה	5	cheese
גְּבֶרֶת	7	Mrs., lady, Ms.
גַּג	7	roof
גּוֹמֵר	4	finishes
גִּיר	2	chalk
גְּלִידָה	5	ice cream
גָּמָל	9	camel
גָּמַר	4	finished
גַּנָּב	8	thief
גָּנַב	8	stole
גָּר	4	live, lived
גֶּשֶׁם	3	rain

ד

דָּבָר	4	thing
דִּבֵּר	5	spoke
דָּג	5	fish
דּוֹד, דּוֹדָה	1,6	uncle, aunt
דֶּרֶךְ	9	road, way (f.)

ה

	UNIT	
הַבַּיְתָה	2	home, homewards
הוֹרִים	7	parents
הָיָה, הָיְתָה	5	was (m., f.)
הָיְתָה לְ...	9	became
הַכֹּל	4	everything
הַר	3	mountain
הַרְבֵּה	3	much, many

ז

זָהָב	5	gold
זוֹרֵק	4	throws
זָקֵן	5	old
זָרַק	4	threw

ח

חָדָשׁ	1	new
חוֹזֵר	4	returns
חוֹלֶה	2	sick
חוֹשֵׁב	2	thinks
חָזַר	4	returned
חָכָם	1	smart, wise
חָלָב	4	milk
חַם	3	hot
חֶמְאָה	5	butter
חֲנוּת	4	store
חֲצִי	8	half
חֹרֶף	3	winter
חָשַׁב	2	thought
חָשׁוּב	9	important
חָתוּל	7	cat

י

יְהוּדִי	4	Jew, Jewish
יוֹרֵד	3	comes down
יַחַד	6	together
יַיִן	5	wine
יָכוֹל	6	able, can
יָם	3	sea
יָצָא	8	went out

UNIT

3	came down	יָרַד
3	moon	יָרֵחַ
5	vegetables	יְרָקוֹת
3	there is (are)	יֵשׁ
1	I have	יֵשׁ לִי
1	sat	יָשַׁב
2	asleep	יָשֵׁן

כ

8	as, like	כ...
7	here	כָּאן
5	when (conj.)	כַּאֲשֶׁר
6	ball	כַּדּוּר
9	priest	כֹּהֵן
3	star	כּוֹכָב
4	angry	כּוֹעֵס
1	write	כּוֹתֵב
2	everyone	כָּל אֶחָד
5	how much, how many	כַּמָּה
5,6	silver, money	כֶּסֶף
4	was angry	כָּעַס
9	anger	כַּעַס
1	wrote	כָּתַב

ל

8	to	ל...
6	to eat	לֶאֱכֹל
5	heart	לֵב
4	to speak	לְדַבֵּר
9	to her	לָה
8	to bring	לְהָבִיא
4	to be	לִהְיוֹת
9	to them (m.)	לָהֶם
9	to them (f.)	לָהֶן
3	I'll be seeing you!	לְהִתְרָאוֹת
5	to him	לוֹ
4	bread	לֶחֶם
5	to me	לִי
3	night	לַיְלָה
6	go!	לֵךְ!
9	to you (f.s.)	לָךְ
9	to you (m.s.)	לְךָ

UNIT

9	to you (m.pl.)	לָכֶם
9	to you (f.pl.)	לָכֶן
3	to go	לָלֶכֶת
5	to sell	לִמְכֹּר
9	to us	לָנוּ
3	to travel	לִנְסֹעַ
5	to do	לַעֲשׂוֹת
2	in front of, before	לִפְנֵי
2	took	לָקַח
5	to buy	לִקְנוֹת
3	to see	לִרְאוֹת
6	to play	לְשַׂחֵק
5	to put	לָשִׂים
9	to send	לִשְׁלֹחַ

מ

3	from	מ...
4	hundred(s)	מֵאָה, מֵאוֹת
8	looks at	מַבִּיט
4	understands	מֵבִין
1	why?	מַדּוּעַ
7	what happened?	מָה קָרָה
3	how are you? (m.)	מַה שְׁלוֹמְךָ
3	how are you? (f.)	מַה שְׁלוֹמֵךְ
6	quickly	מַהֵר
6	luck	מַזָּל
1	tomorrow	מָחָר
8	bed	מִטָּה
7	immediately	מִיָּד
5	juice	מִיץ
6	car	מְכוֹנִית
8	sold	מָכַר
9	letter	מִכְתָּב
2	word	מִלָּה
8	from	מִן
7	number	מִסְפָּר
7	tells	מְסַפֵּר
3	a little	מְעַט
8	found	מָצָא
9	Egypt	מִצְרַיִם
3	place	מָקוֹם
6	plays (a game)	מְשַׂחֵק
8	judgment, trial	מִשְׁפָּט
5	dies, dead	מֵת

UNIT		
4	when	מָתַי
5	gift	מַתָּנָה

נ

UNIT		
3	travels	נוֹסֵעַ
3	travelled	נָסַע
3	pleasant	נָעִים
2,7	fell (s., pl.)	נָפַל, נָפְלוּ
4	candle(s)	נֵר, נֵרוֹת
8	women	נָשִׁים

ס

UNIT		
7	grandfather	סַבָּא
7	grandmother	סַבְתָּא
3	closes	סוֹגֵר
6	forgives	סוֹלֵחַ
5	basket	סַל
5	forgave	סָלַח
4	excuse me	סְלִיחָה
7	told	סִפֵּר
9	library	סִפְרִיָּה
3	autumn	סְתָו

ע

UNIT		
4	worked	עָבַד
8	servant, slave	עֶבֶד
4	works	עוֹבֵד
5	cake	עוּגָה
5	cookies	עוּגִיּוֹת
3	more	עוֹד
3	goes up	עוֹלֶה
9	world	עוֹלָם
3	answers	עוֹנֶה, עוֹנָה
3	season	עוֹנָה
3	seasons of the year	עוֹנוֹת הַשָּׁנָה
5	chicken	עוֹף
3	does	עוֹשֶׂה
2	pen	עֵט
5	city	עִיר
2	now	עַכְשָׁו
5	about, on	עַל
3	went up	עָלָה
1	next to, near	עַל־יַד
1	with	עִם
2	stood	עָמַד
9	with her	עִמָּהּ
9	with them (m.)	עִמָּהֶם
9	with them (f.)	עִמָּהֶן
9	with him	עִמּוֹ
9	with me	עִמִּי
9	with you (m.s.)	עִמְּךָ
9	with you (f.s.)	עִמָּךְ
9	with you (m.pl.)	עִמָּכֶם
9	with you (f.pl.)	עִמָּכֶן
9	with us	עִמָּנוּ
5	grapes	עֲנָבִים
3	answered	עָנָה
5	poor	עָנִי
3	cloud	עָנָן
3	did	עָשָׂה
5	rich	עָשִׁיר
4	ten (f., m.)	עֶשֶׂר, עֲשָׂרָה
8	twenty	עֶשְׂרִים

פ

UNIT		
5	met	פָּגַשׁ
5	meets	פּוֹגֵשׁ
6	opens	פּוֹתֵחַ
5	once	פַּעַם, פַּעַם אַחַת
5	fruit	פְּרִי, פֵּרוֹת
6	suddenly	פִּתְאֹם
5	opened	פָּתַח

צ

UNIT		
7	righteous	צַדִּיק
5	laughs	צוֹחֵק
2	shouts	צוֹעֵק
5	laughed	צָחַק
2	shouted, yelled	צָעַק
3	must	צָרִיךְ

ק

UNIT		
4	voice	קוֹל

	Unit	English
קוֹנֶה	3	buys
קוֹרֵא	1	reads, calls
קַיִץ	3	summer
קִיר	8	wall
קָם	2	stands up
קָנָה	3	bought
קָפֶה	5	coffee
קָפַץ	7	jumped
קַר	3	cold
קָרָא	2,3	read, called
קָרָה	7	happened
קָרִיר	3	cool

ר

	Unit	English
רָאָה	3	saw
רִאשׁוֹן, רִאשׁוֹנָה	8,9	first (m., f.)
רֶגֶל, רַגְלַיִם	6	foot, feet
רֶגַע	2	moment
רוֹאֶה	3	sees
רוּחַ	3	wind
רוֹצֶה	3	wants
רְחוֹב	3	street
רָכַב	9	rode
רַעַשׁ	2	noise
רָצָה	3	wanted
רַק	3	only
רָשָׁע	7	evil

שׁ

	Unit	English
שֶׁ...	5	that
שָׁאַל	1	asked
שֵׁב, שְׁבִי, שְׁבוּ	9	sit! (m., f., pl.)
שָׁבַר	7	broke
שִׁבְעָה־עָשָׂר	9	seventeen
שׁוֹאֵל	1	asks
שׁוֹטֵר	8	policeman
שׁוֹלֵחַ	6	sends
שׁוֹפֵט	8	judge
שׁוּק	4	market
שׁוֹתֶה	3	drinks
שָׁחוֹר	8	black
שֶׁלֶג	3	snow
שֶׁלָּהּ	6	her(s)
שֶׁלָּהֶם	5	their(s) (m.)
שֶׁלָּהֶן	6	their(s) (f.)
שֶׁלּוֹ	4	his
שָׁלַח	6	sent
שֶׁלִּי	1	my, mine
שֶׁלְּךָ	1	your(s) (m.s.)
שֶׁלָּךְ	6	your(s) (f.s.)
שֶׁלָּכֶם	6	your(s) (m.pl.)
שֶׁלָּכֶן	6	your(s) (f.pl.)
שֶׁלָּנוּ	6	our(s)
שְׁמוֹנָה־עָשָׂר	9	eighteen
שָׁמַיִם	3	sky
שֶׁמֶן	8	oil
שֶׁמֶשׁ	3	sun
שָׁנָה, שָׁנִים	1,8	year(s) (f.)
שֵׁנִי, שְׁנִיָּה	8,9	second (m., f.)
שִׁעוּר	2	lesson
שָׁתָה	3	drank

שׂ

	Unit	English
שִׂחֵק	6	played (a game)
שָׂם	5	put
שָׂמֵחַ, שְׂמֵחָה	2	happy
שִׂמְחָה	5	joyful occasion

ת

	Unit	English
תֵּה	5	tea
תַּחַת	8	under
תָּמִיד	6	always
תֵּן	3	give!
תַּפּוּז	5	orange
תַּפּוּחַ	5	apple
תַּפּוּחַ־אֲדָמָה	5	potato
תִּקְוָה	9	hope

Glossary

The following culture-associated words have been used in the exercises of this book without translation or explanation.

אַבְרָהָם אָבִינוּ	Our father Abraham; the first of the three patriarchs — the others being Isaac and Jacob.
אֱלֹהִים	The Hebrew term for God.
אֶסְתֵּר הַמַּלְכָּה	Queen Esther, who saved the Jews of Persia from annihilation, as told in the biblical Book of Esther.
אֶרֶץ יִשְׂרָאֵל	The land of Israel; a geographical and theological — rather than political — concept.
בֵּית-הַכְּנֶסֶת	Synagogue; literally: house of assembly. The synagogue has traditionally served as a place for worship, a place for study, and the center of Jewish community activity. (The parliament of Israel is called the כְּנֶסֶת.)
בַּר-מִצְוָה	Literally: son of the commandment. On reaching the age of thirteen, a boy is considered sufficiently mature to be held morally accountable for his actions. The term בַּר-מִצְוָה refers both to the boy, and to the religious ceremony marking his passage into manhood. Similarly, girls become בַּת-מִצְוָה, a daughter of the commandment.

בְּרָכָה A blessing. Various occasions require the recitation of specially prescribed בְּרָכוֹת.

הַמּוֹצִיא לֶחֶם מִן הָאָרֶץ "... who brings forth bread from the earth." The end of the blessing recited before eating a piece of bread at the beginning of a meal, acknowledging God as the source of our sustenance.

חַג שָׂמֵחַ Happy holiday! Greeting offered on all Jewish holidays (חַג, חַגִּים).

חַזָּן Cantor; the leader who chants the liturgical portions of the synagogue service.

חַלָּה, חַלּוֹת Special bread for the Sabbath, usually braided.

חֲנֻכָּה Feast of Lights; the eight-day festival (usually falling in December) which commemorates the rededication of the Temple in Jerusalem after the victory over the Syrian Greeks in 165 B.C.E.

טַלִּית Prayer-shawl with specially knotted fringes at the four corners, traditionally worn by males while praying.

יוֹם כִּפּוּר Day of Atonement; the most solemn day of the Jewish calendar, marked by fasting, prayer, and soul-searching.

כִּפָּה Small skullcap worn by males while praying or reading sacred Jewish texts. It is frequently called by the Yiddish term *yarmulke.* Very traditional Jews keep their heads covered at all times.

מְזוּזָה Small container attached to the doorpost of a Jewish home. It contains parchment with hand-written verses from Deuteronomy, in literal fulfillment of the biblical injunction "and thou shalt write them upon the doorposts of thy house. ..." (Deuteronomy 6:9).

מַזָּל טוֹב Congratulations! Literally: good luck.

מְנוֹרָה Seven-branched candelabrum which is one of the oldest symbols of Judaism. (It also appears, surrounded by olive branches, on the official seal of the State of Israel.) The Ḥanukkah menorah has nine branches.

מַצָּה	Unleavened bread eaten on the Festival of Passover.
סִדּוּר	Daily and Sabbath prayerbook.
סֻכּוֹת	Fall harvest festival named for the סֻכָּה or hut in which the workers lived during the gathering of the harvest. Today, during the festival (seven days), it is customary to build a סֻכָּה and eat one's meals in it.
פִּתָּה	Flat "pocket" bread that is eaten in Israel and throughout the Middle East.
פָלָפֶל	Small fried vegetable balls made of ground chick peas and spices, that are stuffed into a פִּתָּה, covered with salad and a mild or hot sauce — making a popular Israeli sandwich.
צְדָקָה	Literally: righteousness; it has come to mean acts of righteousness or charity.
קִבּוּץ	Israeli collective settlement based on agriculture and, in recent years, on light industry.
קִדּוּשׁ	Special blessing sanctifying the Sabbath or a festival. It is usually recited before the meal, over a cup of wine.
רֹאשׁ הַשָּׁנָה	The holiday marking the New Year in the Jewish calendar; usually falls in September.
שַׁבָּת שָׁלוֹם	Traditional greeting offered on the Sabbath; literally: a Sabbath of peace.
שׁוֹפָר	The ram's horn sounded in the synagogue on Rosh Hashanah and at the close of Yom Kippur.
שָׁלוֹם	The Hebrew greeting equivalent to "hello" and "goodbye"; literally: peace.
שָׂרָה אִמֵּנוּ	Our mother Sarah; the first of the four matriarchs — the others are Rebecca, Leah and Rachel.
תּוֹרָה	The first Five Books of the Bible (known also as the Books of Moses), which are inscribed on a parchment scroll and kept in the Ark in the synagogue. By extension, תּוֹרָה can also mean all the Bible, and is sometimes applied to Jewish religious study in general.

Canaanite pottery from the period of the patriarchs.

Index